소설이 묻고 철학이 답하다

소설이 묻고
철학이 답하다

문득 당연한 것이 궁금해질 때 철학에 말 걸어보는 연습

박연숙 지음

지상의 책

CONTENTS

이성과 감성 사이에서
소설로 철학하기

저는 철학하기를 좋아하는 아마추어 철학자입니다. '아마추어 (Amateur)'라는 말의 어원이 라틴어 '사랑(Amor)'이라는 점에서 저는 평생을 기꺼이 아마추어로 남고 싶습니다. 아마추어 철학자의 대가로 소크라테스를 꼽고 싶습니다. 소크라테스를 아마추어라고 부르는 이유는 철학을 가르치는 것으로 생계를 유지하지 않았고, 철학을 사랑하여 죽을 때까지 철학하기를 멈추지 않았기 때문입니다. 그는 심지어 독배를 마시며 죽는 순간에도 삶과 죽음에 대한 철학하기를 이어갔습니다. 사실 '철학(Philosophy)'이라는 말의 본래 뜻이 '지혜에 대한 사랑(사랑philos+지혜sophia)'입니다. '사랑'은 마음에 두고 있는 대상에 대해 끊임없이 관심 갖고, 더 깊이 생각하는 마음입니다. '지혜에 대한 사랑'은 참된 것을 알기 위해 끊임없이 묻고 생각하는 활동입니다. 새로이 질문하고 더 깊이 생각하는 데서 살아 있는 지혜가, 지혜에 대한 사랑이 열립니다.

~

기억을 더듬어보면 저는 철학이 무엇인지 알기 전부터 철학하기를 즐겼던 것 같습니다. 어린 시절, 수업 중간 쉬는 시간에 아이들과 함께 '행복이 무엇인지', '어떻게 살아야 하는지' '왜 살아야 하는지'를 토론하고 싶어 했습니다. 물론 그러한 제안에 호응해줄 친구들은 많지 않았습니다. 그래서 저는 저 혼자 생각하기를 즐기며 지냈습니다.

'왜 살아야 하는가'에 대한 답을 얻지 못한 채 그래도 무작정 살아야만 했던 저는 대학 전공을 정할 때 철학을 선택할 수밖에 없었습니다. 철학의 주제들은 무척 흥미로웠고, 사고를 깊이 있게 하도록 도와주었습니다. 무엇보다 좋았던 것은 함께 토론하기를 즐기는 친구들이 아주 많았다는 것입니다.

그런데 철학을 전공하고 나서도 아쉬운 것이 하나 있었습니다. 저는 제 안에 들어오고 나가는 마음들에 대해 궁금했고, 사람들 사이의 마음이 어디서부터 엉키는지, 그것을 어떻게 풀어야 하는지가 궁금했습니다. 그러나 이런 물음들은 고고한 철학자들의 관심사가 되기에는 개인적이고 사소한 것들이었습니다. 나중에서야 제가 궁금해하는 '마음'이 작가의 관심사라는 것을 알게 되었습니다. 그때부터 저는 예술로 눈을 돌리기 시작했고 예술이 주는 자유와 풍부함에 매료되었습니다.

~

이 책은 아마추어 철학자가 소설에 말을 걸며 자아와 세계에 대해 탐구한 흔적입니다. 이성과 감성을 융합한 '소설로 철학하기'라고 할 수 있습니다. 소설은 인간의 존재와 가치를 구체적인 맥락에서 제시합니다. 그리고 이 책은 소설 속 인물과 상황을 통해 그들이 겪는 갈등과 고민을 철학적으로 탐구하며 삶의 지혜를 모색하는 시도입니다. 소설로 철학하기가 저뿐만 아니라 여러분에게도 더 지혜롭고 더 활기 있게 살 수 있는 힘이 되길 바랍니다.

자신이
누구인지 알고 싶은
너에게

자신의 내면에서 들리는 목소리를 외면하고 산다면 그것은 좋은 삶이라고
할 수 없습니다. 스스로 찾아내야 할 진짜 삶이 그 목소리 안에 있을 수 있으
니까요. 과연 나는 어떻게 해야 다른 사람의 삶이 아닌 진짜 나 자신의 삶을
찾을 수 있을까요?

1장

진짜 나를
찾아 떠나볼까?

《나르치스와 골드문트》(헤르만 헤세 지음, 임홍배 옮김, 민음사)

 《나르치스와 골드문트》는 어떤 내용일까?

골드문트는 친구들과 잘 어울리며 똑똑하고 강인한 학생입니다. 그는 자애가 넘치는 수도원 원장 신부님을 보며 자신도 순결하고 고귀한 성자의 삶을 살겠다고 생각했습니다. 수도원의 뛰어난 학생이자 보조교사인 나르치스는 자신과는 정반대의 성향인 골드문트에게 호감을 느꼈고, 둘은 서로의 깊은 고민까지 털어놓는 가까운 관계가 됩니다.

어느날 골드문트는 수도원 밖의 세상을 구경하고 온 후 큰 혼란에 빠집니다. 떠돌이 소녀가 골드문트에게 다가와 입을 맞췄기 때문입니다. 앓아 누울 정도로 심한 마음의 혼란을 겪은 골드문트는 마침내 수도원을 떠나 방랑자로서의 삶을 살기로 결심합니다. 나르치스는 자신과 같은 이성적인 사람이 다른 사람을 인도하고 지배하는 듯 보이지만, 사실은 골드문트처럼 강하고 예민하고 열정적인 사람이 더 우월할 수 있다며 그의 결정에 힘을 실어줍니다.

방랑을 시작한 골드문트는 도덕의 굴레에서 벗어나 수많은 일을 겪습니다. 자신의 돈을 뺏고 자신을 죽이려는 부랑자를 죽이기도 하고, 자신의 연인을 강간하려는 남자를 죽이기도 합니다. 반면 나르치스는 성직자로서 이름을 떨쳐 많은 사람들에게 존경받는 수도원 원장이 되었습니다.

나르치스는 도둑으로 몰려 처형당할 위기에 놓인 골드문트를 우연히 만나게 되고, 그를 구해준 뒤 수도원으로 데려왔습니다. 이전에 조각가 니클라우스에게 감명을 받아 3년간 그의 밑에서 공부했던 골드문트는 나르치스가 마련해준 작업실에서 일생일대의 마리아상을 조각하고 다시 방랑길에 나섭니다. 그 후 노인의 모습이 돼서 돌아온 골드문트는 떠돌이 생활 중 생긴 병에 의해 앓아 눕게 되고 나르치스가 지켜주는 병상에서 생을 마감합니다.

우리 마음 안에는 여러 목소리가 있습니다. 말 잘 듣는 아이, 고집 센 아이, 게으른 아이, 성실한 아이, 유혹에 이끌리는 아이, 유혹을 물리치는 아이……. 우리는 그중 어떤 목소리를 따라야 할지 매번 망설이게 됩니다. 말 잘 듣고 성실하고 유혹에 빠지지 않고 살아간다면 착하다는 칭찬은 듣겠지요? 그렇지만 평생 칭찬을 받으며 사는 것이 꼭 좋은 삶인지는 의문입니다. 남들의 칭찬과 평가보다 자기 자신의 평가가 더 의미 있고 중요한 것이 아닐까요? 남들에게 인정받는다 하더라도 자신의 내면에서 들리는 목소리를 외면하고 산다면 그것은 좋은 삶이라고 할 수 없습니다. 스스로 찾아내야 할 진짜 자신의 삶이 그 목소리 안에 있을 수 있으니까요. 다른 사람이 원하는 방식으로만 살다가는 정작 자기 자신이 어떤 사람인지, 자신이 살고 싶은 삶이 어떤 것인지조차 모를 수 있습니다. 그렇다고 무조건 남들이 원하는 것과 반대되는 방식으로만 산다고 자신의 삶을 찾을 수 있는 것도 아닙니다. 과연 나는 어떻게 해야 다른 사람의 삶이 아닌 진짜 나 자신의 삶을 찾을 수 있을까요?

1 나르치스와 골드문트, 너무 다른 두 사람

헤르만 헤세의 《나르치스와 골드문트》가 그 질문에 하나의 답을 주고 있습니다. 이 소설에서 나르치스는 이성과 지성을, 골드문트는 감정과 사랑을 대변하는 인물입니다. 똑똑하고 강인하고 잘생긴 골드문트는 수도원 학생으로 친구들과 잘 어울리며 소박하고 선량하고 자애가 넘치는 다니엘 원장 신부님의 신뢰를 얻습니다. 골드문트는 다니엘 신부님을 바라보며 자신도 순결하고 고귀한 성자의 생활을 배우겠다고 생각했습니다.

한편 뛰어난 학생이자 보조교사인 나르치스는 그런 골드문트를 금방 알아보았습니다. 고귀한 성품의 나르치스는 자신과 골드문트가 정반대의 성향이라는 것을 알았습니다. 그는 어둡고 야위고 음울한 편이지만 골드문트는 꽃처럼 눈부시고 맑은 얼굴을 지녔습니다. 나르치스는 사색가이며 분석가이지만 골드문트는 몽상가이며 동심의 소유자입니다. 그럼에도 불구하고 그 둘은 서로를 매우 가깝게 느꼈습니다. 골드문트는 겸손하고 선량한 다니엘 원장과 영특하고 학식 높은 나르치스 중에 누가 자신이 따라야 할 이상인지가 혼란스러웠습니다. 이 둘은 함께할 수 없는, 서로 다른 이상이었습니다. 골드문트는 나르치스가 자기를 사랑하고, 자기에게 기대를 가지고 있음을 뚜렷하게 느낄 수 있었습니다. 나르치스는 또한 골드문트를 마음 속 깊이 사랑했지만 그 감정을 누르고 고귀한 정신을 지키며 신을 섬기는 것에 헌신하기로 결심했습니다.

골드문트는 수도원 학생으로 적응하여 지내던 어느 날 친구들을 따라 수도원 밖 세상을 구경하고 온 후 큰 혼란에 빠지게 되었습니다. 떠돌이 소녀가 골드문트에게 다가와 입을 맞췄기 때문입니다. 늘 어머니의 사랑에 결핍된 골드문트는 마을에서 잠깐 만난 소녀에 대한 생각을 지울 수 없었습니다. 골드문트는 앓아 누울 정도로 심한 마음의 혼란을 겪게 된 후 마침내 수도원을 떠나 방랑자로서의 삶을 결심했습니다. 골드문트는 수도원을 떠나기 직전에 이러한 결심을 나르치스에게 고백했고, 나르치스는 골드문트가 내면의 자아를 찾아 떠날 수 있도록 허락했습니다. 그러면서 나르치스는 골드문트처럼 강하고 예민하고 열정적인 사람이 냉정하고 지성적인 사람보다 우월하다고 말해주었습니다. 이성적인 인간은 가끔 다른 사람들을 인도하고 지배하고 있는 것같이 보이지만 충실한 삶과 사랑, 예술이 가능하지 않다고 합니다.

골드문트가 수도원을 떠나 방랑을 시작하자 타고난 아름다움과 매력을 지닌 그를 많은 여성들이 따랐습니다. 골드문트의 정처 없는 방랑은 그로 하여금 많은 일을 겪게 했습니다. 그중 가장 끔찍한 일은 두 번의 살인입니다. 한 번은 골드문트가 지닌 금화를 노리고 골드문트의 생명까지 빼앗으려는 부랑자를 죽인 것이고, 다른 한 번은 함께 지낸 여자를 강간하려는 남자를 죽인 것입니다. 두 번 다 이유 있는 살인이었다 할지라도 도덕의 잣대로 보면 골드문트는 악한 인물입니다. 반면 나르치스는 학자이자 성직자로서 자신의 이름을 떨쳐 많은 사람의 존경을 받는 수도원 원장이 되었습니다. 나르치스와 골드문트의 인생은 참 많이 다릅니다. 얼핏 나르치스를 선으로, 골드문트를 악으로 볼 수도 있겠지만 철학의 눈으로 보면 골드문트로부터 악한 모습 그 이상을 찾을 수 있습니다.

2 이성이 감성보다 나은 것일까?

　　나르치스와 골드문트는 서로 다른 특성을 대표합니다. 그 둘은 각각 지성과 감성, 정신과 감각, 고귀한 것과 세속적인 것, 합리주의와 몽상주의, 학문의 세계와 예술의 세계를 상징합니다. 그런데 그들이 보여주는 대립 중 어느 하나만 옳고 다른 하나를 나쁜 것이라고 말할 수 있을까요? 과거 서양 철학에서는 감성보다는 이성을, 감각보다는 정신을 우월한 것으로 보았습니다. 그러나 과연 이것이 우열을 가르거나 옳고 그르다고 말할 수 있는 것일까요?

　　물론 나르치스는 그의 탁월한 능력과 절제된 행동 덕분에 모두의 존경을 받으며 수도원 원장이 되는 성공한 삶을 살게 됩니다. 나르치스가 골드문트보다 더 훌륭하다는 평가를 받는 것은 당연한지도 모르겠습니다. 그러나 나르치스는 골드문트의 삶이 자신의 삶보다 하찮거나, 열등하다고 여기지 않습니다. 오히려 그 반대라고 말합니다. 나르치스는 골드문트가 도둑으로 몰려 처형당할 위기로부터 구해준 후 수도원으로 데리고 와 그를 위해 작업장을 마련해주고 수도원에 필요한 작품들을 만들도록 했습니다. 나르치스는 골드문트의 작업을 기쁨과 놀라움으로 지켜보았습니다. 골드문트에게서 예술이 무엇인가를 배우게 된 것입니다. 나르치스는 전에는 예술이라는 것이 사색이나 학문에 비해 하찮은 것이라고 생각했지만 골드문트를 통해 예술을 얕잡아 보는 거만한 태도를 반성하고 예술이 존재의 비밀을 파악하는 중요한 방법이며 우리의 앎을 넓혀주는 것임을 깨닫게 되었습니다.

나르치스는 어린 나이부터 학문에 뜻을 두고 모든 유혹을 뿌리치며 하나의 목적에 자신을 헌신하며 살아왔습니다. 반면, 골드문트는 처음부터 예술가를 목표로 하지는 않았습니다. 그저 자신이 더 이상 수도원에 맞지 않다는 생각에 방랑하게 된 것입니다. 예술에 대한 열정은 오랜 방랑 중에 어느 수도원 앞에서 삶의 온갖 모습을 조화시키고 있는 마리아상에 감동을 받고 생겨난 것입니다. 그는 마리아상 목각을 만든 조각가를 찾아가 그에게서 3년간 조각하는 법을 성실히 배우면서 자신의 재능을 갈고닦았습니다. 골드문트가 완성한 첫 작품은 나르치스를 모델로 한 조각상이었습니다. 그 조각상은 밝음과 평화로 가득했습니다. 그것은 소년 시절, 나르치스가 골드문트의 영혼에 새겨준 행복한 감정이었습니다. 이 작품으로 인해 골드문트는 조각가로부터 실력을 인정받아 조각가로서의 권리증과 작업장, 그리고 그의 딸과의 결혼을 제안받게 됩니다. 그러나 골드문트는 그런 권리와 혜택들을 모두 원하지 않았습니다. 예술가가 안정을 추구하기 시작하면 예술가로서의 자유로운 정신이 줄어드는 것을 스승을 통해 목격했기 때문입니다. 골드문트는 모든 안정적인 것을 뒤로하고 자유를 찾아 다시 방랑을 이어갔습니다.

안정보다는 자유를 쫓는 골드문트의 기질은 나이 든 이후에도 변함없었습니다. 나르치스에게 생명을 빚지고 그의 보호를 받으며 수도원에서 작업한 이후에도 다시 방랑 생활을 결심하였습니다. 그러나 그것은 그의 마지막 방랑이 되었고, 시작부터 매우 고단하였습니다. 그가 수도원으로 다시 돌아왔을 때에는 나이가 많이 들어 보이는 지친 노인의 모습을 하고 있었습니다. 그는 방랑 중에 생긴 병으로 몹시 시달렸고 결국, 나르치스가 지켜주는 병상에서 죽음을 맞이하게 됩니다.

이 작품의 결말을 보면 나르치스가 성공한 사람이고, 골드문트가 실패한 사람처럼 보입니다. 그러나 병에 걸려 오래 살지 못했다고 해서 실패한 인생이라고 할 수는 없을 것입니다. 가진 것 없이, 명성 없이 살았다는 것 또한 인생의 실패라고 할 수는 없습니다. 사실 나르치스와 골드문트의 삶 중 누구의 삶이 더 낫다고 말하기는 어렵습니다. 나르치스가 골드문트에게 예술이 어떤 의미인지 물었을 때, 골드문트는 예술이란 허무를 극복하는 것, 무상한 것을 영원에 가깝게 만드는 것이라고 말했습니다. 학문의 길은 존경과 명예가 따르지만 그 때문에 예술이 학문보다 가치가 없다고 말할 수는 없습니다. 나르치스도 인정하였듯이 예술은 예술대로의 가치가 있는 것입니다. 그래서 두 사람 중에 누가 더 행복했는지, 누가 더 성공했는지를 묻는 것은 어리석은 질문입니다. 그보다는 골드문트의 인생이 어떤 점에서 의미 있는지를 생각해보아야 할 것입니다.

운명에 굴복할 것인가, 운명을 사랑할 것인가

골드문트는 일반 상식으로는 형편없는 삶을 산 사람일지도 모릅니다. 도덕에서 벗어난 생활을 했을 뿐만 아니라 예술가로서 재능이 충분했음에도 불구하고 명성 쌓기를 거부하고 방랑을 쫓았기 때

프리드리히 니체(Friedrich Nietzsche, 1844-1900)

25세의 나이에 스위스 바젤대학교의 고전문헌학 교수가 되었다가 10년 뒤 건강이 나빠 교수직을 포기하고 계속 투병 생활을 했다. 니체는 근대 철학에 종말을 고하고 현대 철학을 이끈 선구자이다. 그는 "신은 죽었다"라는 말로 기독교에 대해 비판하고 플라톤 철학에 선 전통 형이상학과 선과 악으로 구분되는 이분법적 도덕을 비판한다. 그는 개별적인 존재에 초점을 맞추고 선과 악 모두를 인정한다. 그가 주장하는 초인 사상은 그 어떤 격률에 얽매이지 않은 자유의 상징이다. 초인은 모든 것에 맞추어 춤을 출 수 있는 존재이다. 춤추는 별을 낳고 싶으면 혼돈을 품으라고 말한다. 니체는 현상 너머에 진리가 있다는 전통적 합리주의를 거부하고, 현세의 삶을 긍정하는 새로운 형이상학을 제시한다.

문입니다. 그런 골드문트를 지지해줄 수 있는 철학자가 니체입니다. 니체 역시 골드문트만큼 특이한 인생을 살았습니다. 그의 아버지는 목사였고, 양친의 집안에는 성직자가 많았습니다. 그래서 니체가 어렸을 때 학교에서 '작은 예수'로 불리었다고 합니다. 그러나 그는 18세에 신앙에 대해 회의를 품기 시작했고 성인이 되어서는 "신은 죽었다"라는 말로 기독교를 비판했습니다. 니체는 이른 나이에 고전문학 교수가 될 정도로 뛰어난 지성을 가졌지만, 건강이 나빠져 교수직을 그만둔 이후로는 전통의 권위를 모두 부정하는 철학을 세워 많은 비난을 받았습니다. 그는 생애 마지막 10년을 중년의 독신으로 병석에서 앓으며 보냈습니다. 니체와 골드문트는 전통을 따르지 않아 많은 고난을 겪고, 중년의 독신으로 고독하게 죽었다는 점에서 닮았습니다.

니체 역시 골드문트와 마찬가지로 고난을 피하는 사람이 아니라 고난을 찾아다니는 사람입니다. 니체는 우리에게 안정된 삶이 아니라 위험한 인생을 살라고 권합니다. 우리 주변의 어른들은 우리에게 모두 안정적이고 안락한 삶을 살라고 권합니다. 안정과 안락을 위해 좋은 대학, 좋은 학과, 좋은 직장에 들어가라고 말합니다. 한마디로 니체와 골드문트는 지금 우리가 만나는 사람들과 정반대입니다. 그런데 왜 그들은 그토록 자신 있게 위험을 감수하는 삶을 선택했을까요?

골드문트는 자신의 내면의 소리에 귀 기울인 사람입니다. 자유롭고자 하는 욕망, 사랑하고자 하는 욕망, 자신이 느끼는 감성을 자유롭게 표현하고자 하는 충동이 그의 내면에 강하게 솟구치고 있었다는 것을 깨달았습니다. 골드문트의 삶은 나르치스처럼 학자나 성직자가 될 운명과는 다릅니다. 여기서 학자나 성직자의 운명과 예술가의 운명 중 무엇이 더 나은 것인가 하는 비교는 무의미합니다. 자신의 타고난 능력과 성향과 조건을 깨닫고 그것을 적극적으로 받아들이는 것이 중요합니다. 골드문트는 냉정한 이성보다는 열정이, 관념보다는 감각이 더 강했기 때문에 열정과 감각을 부정해야 하는 수도원의 규율대로 살아갈 수 없는 운명이었던 것입니다.

여기서 운명이란 누가 정해주는 것이 아니라 스스로 자신의 내면을 바라보고 깨닫는 것입니다. 자신의 성향과 처지로부터 느끼는 것이지요. 이때 니체는 자신의 운명에 무조건 굴복하라고 말하지 않습니다. 대신에 그는 운명을 사랑하라고 말합니다. 운명에 굴복하는 것과 운명을 사랑하는 것은 다릅니다. 운명에 굴복하는 것은 모든 어려운 것들을 운명 탓으로 돌리고 스스로 무기력하게 살아가는 것이

만, 운명을 긍정하는 것은 자신의 어려움을 자신이 성장할 수 있는 기회로 생각하면서 그것을 넘어 더 나아지려는 것입니다. 자신의 타고난 특성, 환경, 문제들이 오히려 성장의 발판이 되니 그것에 감사하게 되는 것이지요. 가난하게 태어나고 신체가 약하기 때문에 이것밖에 할 수 없다고 불평하는 것은 운명에 굴복하는 것입니다. 하지만 가난하게 태어났기 때문에 더 열심히 일하고 허약하기 때문에 건강을 위해 더 노력하는 것은 운명을 긍정하고 자신을 성장시키는 모습입니다. 이 점에서 고난의 운명이야말로 인간을 위대하게 만들 수 있는 조건입니다.

하늘 높이 뻗은 나무들은 수많은 비바람과 눈보라를 겪어야 그렇게 될 수 있습니다. 우리에게 주어진 악조건 역시 위대한 사람이 되기 위해 불가피하게 극복해야 할 것들입니다. 위대한 인물들은 자신의 어려웠던 시절을 한탄하지 않습니다. 그들은 그 시절의 어려움을 어떻게 해서든 극복한 사람들이고, 더 나아가 그 어려움이 자신을 만들었다고까지 말하는 사람들입니다. 한마디로 운명을 사랑한 사람들입니다.

니체는 우리에게 주어진 고통이 우리를 깊어지게 한다고 말합니다. 고통의 단련 속에서 더 위대한 인간이 된다고 보았습니다. 니체의 이런 관점에서 보면 우리에게 주어진 불행은 마냥 피해야 할 것이 아니라 적극적으로 대면해야 하며, 자신을 성장시킬 기회를 주므로 감사해야 할 것입니다. 골드문트는 방랑을 통해 세상의 많은 것들을 느끼고 배우면서 그것을 자신의 작품 속에 표현해낼 수 있었습니다. 그는 자신의 운명을 인정하고 그로부터 예술가로 거듭날 수 있었던 것입니다.

 ## 4 삶을 하나의 놀이로 받아들이다

니체는 자아 창조의 과정을 세 단계로 말합니다. 골드문트가 선악을 뛰어넘어 예술가로서 완성되는 과정 역시 이 단계에 부합합니다. 니체가 말하는 자아를 창조하는 과정은 낙타, 사자, 아이의 단계입니다. 가장 처음 단계는 낙타입니다. 낙타는 무거운 짐을 지고 사막을 건너는 인내력 강한 정신을 나타냅니다. 낙타와 같은 자아는 전통적인 도덕에 복종하며 충실히 살아갑니다. 그러나 낙타에게는 자신의 삶이란 것이 없습니다. 그것은 사막처럼 황폐합니다. 골드문트가 수도원에 들어와 몇 년간 규율을 지키고 주어진 의무를 잘 수행할 때의 시기입니다. 그는 주변의 신뢰를 얻었지만 그 자신이 어떤 사람인지에 대해서는 전혀 알지 못했고 마음속에 무거운 짐이 얹혀 있는 것을 느꼈습니다.

이어서 등장하는 단계는 사자입니다. 사자는 억압과 구속의 굴레를 모두 깨뜨릴 수 있는 부정의 힘이며 저항의 정신을 상징합니다. 골드문트가 수도원을 벗어나 온갖 규범과 도덕을 깨고 방황하는 시기가 이 단계라고 할 수 있습니다. 그런데 니체는 기존의 전통과 도덕을 부정하는 것만으로 자아를 창조할 수 있다고 생각하지 않았습니다. 전통과 도덕에 저항하는 부정의 힘은 새로운 가치를 창조하기 위한 힘이 될 때에만 비로소 의미가 있습니다. 그래서 궁극적으로 도달해야 하는 지점은 새로운 가치를 창조하는 단계입니다. 이 단계가 바로 어린아이입니다.

어린아이는 자신의 삶을 하나의 놀이로 받아들이며 끊임없이 자기 세계를 창조합니다. 어린아이라고 해서 해야 할 일, 감당해야 할 무거운 짐이 없는 것은 아닙니다. 그러나 어린아이는 삶을 그대로 긍정하고 받아들일 수 있을 만큼 가볍게 여기고 끊임없이 긍정하는 힘을 지니고 있습니다. 어린아이와 같은 자아는 아무런 목적도 가지고 있지 않고, 이해타산 없이 삶을 그대로 받아들이며 자신에게 주어진 것을 긍정합니다. 골드문트가 조각을 하며 그동안 겪은 온갖 감정들, 그가 만난 사람들을 자유롭게 놀이하듯 작품에 표현할 때 생겨난 자아에 비유할 수 있습니다.

니체는 인간이 궁극적으로 어린아이의 단계에 이르러야 한다고 말합니다. 어린아이 단계에 이르러야 허무를 극복할 수 있기 때문입니다. 허무감은 무엇을 해야 할지 모를 때, 어디로 가야할지 길을 잃고 헤맬 때 생겨납니다. 보통 허무주의는 부정적인 말로 쓰입니다. 이 세상에 절대적인 진리와 가치라고 믿었던 것들에 대해 회의가 들 때 생겨나는 감정이니까요. 이러한 감정에 빠져 세상에 대한 흥미도 잃고 삶의 의욕을 잃는 것은 수동적 허무주의입니다. 수동적 허무주의는 우울과 자살, 무책임한 방종을 낳습니다. 이를 극복하기 위해서는 무의미한 존재인 인간이 어떻게 자신의 의미를 창조할 것인가를 되묻고, 자신의 삶을 스스로 어떻게 시작할지, 어떤 의미를 만들어갈지를 생각해야 합니다. 니체는 이것을 능동적 허무주의라고 합니다. 니체는 자신의 운명을 사랑하고 자신만의 세계를 창조하는 과정에서 수동적 허무주의를 극복할 수 있다고 합니다.

골드문트가 병든 채 죽어가는 순간에 자신의 삶을 어떻게 보았을까요? 골드문트는 마지막 방랑을 통해 수많은 여자들과 사랑을 나눴던 과거의 시절을 되돌릴 수 없다는 것을 알게 되었습니다. 그는 한때 사랑했던 가장 아름다운 여인을 찾아갔지만 그녀는 골드문트를 상대해주지 않았습니다. 골드문트가 더 이상 젊지도, 매력적이지도 않아 보였기 때문입니다. 게다가 골드문트는 좁은 도랑을 지날 때 말에서 떨어져 갈비뼈가 부러지고 물속에 처박혀 극심한 고통을 겪어야 했습니다. 불행해 보이는 모습이지만 그 자신은 죽음이 가까이 다가온 것을 느끼면서도 그 죽음을 거부하거나 괴로워하지 않았습니다. 오히려 지금까지 겪은 삶의 의미를 나르치스에게 전해주고 기쁘게 죽겠다고 의연하게 말했습니다. 그는 늙고 병들고 죽는 것에 굴복한 것이 아니라 그 모든 것들을 기꺼이 맞이한 것입니다. 남들 눈에는 무척 허무하게 보일 수 있는 인생을 그 자신은 의미 있는 삶으로 창조하고 떠난 것입니다.

5 춤출 줄 아는 신

골드문트의 방랑은 예술로 결실을 맺습니다. 이 말은 그가 제작한 훌륭한 조각 작품에만 해당하는 것이 아닙니다. 그의 삶 자체가 예술이라고 할 수 있습니다. 니체는 예술이 종교나 학문보다 우위에 있고, 예술을 통해서만 삶이 충만해진다고 합니다. 니체가 말한 예술도 예술가가 제작한 작품만을 말하는 것이 아닙니다. 그는 삶 자체를 예술로 만드는 것에 대해 말했습니다. 니체가 종교에 대해 갖는 가장 큰 불만은 욕망을 부정적인 것으로 보는 것입니다. 그리스도교나 불교에서는 육체에 대한 욕망, 소유에 대한 욕망, 경쟁에서 이기고자 하는 욕망을 부정적으로 바라봅니다. 그러나 그런 욕망들은 모두 인간이라면 누구나 자연스럽게 느끼는 것입니다. 다시 말해 그리스도교나 불교가 인간의 자연스런 욕망을 억누르게 함으로써 우리의 삶을 부정하게 한다는 것입니다. 니체가 보기에 특정 종교에서 그런 욕망을 부정하는 것은 그런 욕망을 적절하게 통제할 의지가 약하다는 것을 인정하는 것에 지나지 않습니다. 니체는 별 어려움 없이 금욕주의자의 길을 갈 수 있는 사람에 대해서는 비난하지 않습니다. 그러한 사람들은 자신을 통제할 수 있는 강한 힘을 가지고 있기 때문입니다. 나르치스가 그런 유형의 인물일 것입니다. 나르치스는 수도원에서 지켜야 할 금욕 생활을 어렵지 않게 스스로 잘 통제할 수 있었습니다. 니체가 비난하는 것은 자신의 욕망을 통제하지도 못하면서 욕망이 생기는 것을 나쁜 것이라고 판단하고, 그런 욕망을 제거하지 못하는 것에 죄책감을 느끼는 금욕주의자들입니다. 만약 골드문트가 자신의 욕망을 억누르고 수도원에 남아 있었더라면 그는 죄책감에 시달려 몹시 황폐한 삶을 살게 되었을 것입니다. 골드문트가 자신의 욕망을 깨닫고, 그 욕망을 인정하지 않는 수도원을 벗어난 것은 자기 자신을 인정하고 받아들이는 중요한 선택이었습니다.

　니체가 추구한 신은 춤을 출 줄 아는 신입니다. 춤이라고 하면 중력을 극복하는 예술입니다. 중력은 우리를 짓누르는 무거운 짐, 계율, 규범과 같은 것들입니다. 니체는 그것들을 가볍게 만들어 새가 되기를 바랄 정도로 자기 자신을 사랑하라고 말합니다. 자신의 약점, 열악한 환경, 의무들에 눌려 불평하며 짐으로 생각하며 억눌려 사는 것이 아니라 그것을 자신의 일부로 인정하고 심지어 그러한 특성들을 유쾌하게 받아들이고 자신의 운명을 사랑하는 사람이 되라는 것입니다. 나르치스는 골드문트를 '황금 새'라 불렀습니다. 골드문트야말로 자신의 운명을 짐으로 여기지 않고 새처럼 가볍게 만들어 자유롭게 춤출 줄 아는 인물이라는 것을 알아본 것입니다.

　이제 우리는 방황을 인생의 실패나 장애물로 생각할 필요가 없습니다. 자신을 괴롭히는 마음의 짐이 있다면 그것이 무엇인지 직접 대면하고 무엇을 두려워하는지, 무엇을 욕망하는지 스스로 물어보아야 합니다. 그리고 그 무게에 눌려 수동적으로 살기보다 자신의 일부로 받아들이고 자기 안의 생명력을 키워 자신의 삶을 아름답게 창조해야 합니다. 그런 삶을 산다면 우리는 우리의 운명을 사랑할 수 있게 되고 새처럼 가볍게 춤출 수 있게 될 것입니다.

우리 운명을 사랑하며 살 수 있을까?

《니체의 인생강의》

만약 신이 죽었다면 우리는 무엇에 의지해야 할까요? 니체는 삶의 내면으로부터 깊이 성찰하고 들여다본다면 우리는 틀림없이 우리 안에 꿈틀대고 있는 권력에의 의지를 인정할 것 이라고 합니다. 그렇다면 이 권력에의 의지를 가지고 우리는 어떻게 살아가야 할까요?

니체에 의하면 이 세상에서 살아갈 수 있는 삶의 양식은 두 가지밖에 없다고 합니다. 하나는 초인의 삶의 양식이고, 다른 하나는 최후의 인간 또는 마지막 인간의 삶의 양식입 니다. 도대체 초인과 최후의 인간이 어떻게 다를까요? 니체는 현대 인간의 자화상을 '최후의 인간'이라고 합니다. 스스로를 고유한 정체성을 가진 개인으로 이해하고 있지만, 군중 속에서 개개인의 모습을 구별하기는 어려운 '개성이 없는 인간'입니다. 니체는 《짜라투스트라는 이렇게 말했다》에서 "고독이 멈추는 곳, 그곳에서 시장이 시작되고 시장이 시작되는 곳, 그곳에서 위대한 배우들의 소란이 시작되며 독파리들이 윙윙대기 시작한다"라고 합니다. 개인만이 중요하고 자기 의 이익을 극대화하기 위해 물불을 가리지 않는 독파리의 태도가 최후의 인간이 살아가는 삶의 양식이라고 합니다.

반면 초인은 자신을 넘어서는 무엇인가를 창조하는 사람입니다. 그러려면 끊임없이 자기 자신을 돌아보고 그 안에서 발견한 자기를 극복할 줄 알아야 합니다. 니체는 다음과 같이 말 합니다. "너 자신을 넘어설 수 있는 가치를 끊임없이 만들어라. 창조해라. 그것이 대지의 의미 이고 존재의 의미이다." 니체는 새로운 가치가 자신의 존재와 실존의 감정에 엄청난 가치를 부여할 것이라고 말합니다.

최후의 인간은 성공만 추구하지 가치는 모릅니다. 새로운 가치를 창조할 능력이 없기 때문에 시장과 거리의 사람들이 좋다고 생각하는 가치들을 좇아갑니다. 그들은 어떤 사태를 능동적 으로 극복함으로써 희열을 느끼는 것이 아니라, 그냥 주어진 상태에 만족합니다. 반면 초인의 삶의 양식은 자기가 스스로 가치를 창조해야 하기 때문에 위험합니다. 실존의 가장 커다란 결실과 향락을 수확하기 위해서는 위험하게 살아야 합니다. 이 위험한 여정을 광대의 줄타기 에 비유합니다. "사람은 짐승과 초인 사이를 잇는 밧줄, 하나의 심연 위에 걸쳐 있는 하나의 밧줄이다. 저편으로 건너가는 것도 위험하고, 건너가는 과정, 뒤돌아보는 것, 벌벌 떨고 있는 것도 위험하며 서 있는 것도 위험하다. 사람에게 위대한 것이 있다면, 그것은 그가 목적이 아니라 하나의 교량이라는 점이다. 사람에게 사랑받아 마땅한 것이 있다면, 그것은 그가 하나의 '넘어가는 과정'이요, '내려가는 과정'이라는 점이다." 어떤 일을 하면서 한계가 보이고 새로운 목표가 안 보인다고 생각할지 모르겠지만, 그 일이 하나의 과정일 수도 있어요. 현재 목표가 안 보인다고 그만두면 발전이 없습니다. 목표를 향해 오르고 내려가는 과정을 반복하다 보면 지금은 안 보이던 경치와 풍경이 새롭게 나타납니다. 그러니까 목표는 과정에서 만들어진다는 이야기죠. 과정에 의미를 부여하고 사랑하다 보면 우리가 살아 있는 것 자체가 커다란 희열이 될 수 있습니다.

−이진우, 《니체의 인생강의》, 휴머니스트, 2015, 85−86, 89, 95, 99−101쪽에서 발췌하여 재구성

2장

무엇이
나를 아름답게 할까?

《도리언 그레이의 초상》(오스카 와일드 지음, 윤희기 옮김, 열린책들)

 《도리언 그레이의 초상》은 어떤 내용일까?

화가 바질은 아름다운 청년 도리언에게 영감을 받아 도리언의 초상화를 그리게 됩니다.

바질의 집에 찾아온 친구 헨리는 초상화 속 도리언의 아름다운 외모에 감탄합니다. 마침 초상화 작업을 위해 방문한 도리언이 집에 와 있던 헨리와 마주칩니다. 헨리는 도리언에게 "감각으로부터 영혼을 치유하는 것, 그것이야말로 삶의 위대한 비밀"이라고 말하면서, 늙기 전에 감각의 쾌락을 마음껏 누리며 살라고 조언합니다. 이 말은 지금까지 남에게 베풀며 착하게 살아온 도리언의 인생을 송두리째 뒤바꾸는 계기가 됩니다.

혼란에 빠진 도리언은 마침내 완성된 초상화를 바라보며, 자신은 점점 늙고 흉측해질 텐데 초상화는 영원히 젊은 모습으로 남아 있을 것에 슬픔을 느낍니다. 자신은 늘 젊은 상태로 남아 있고, 초상화가 대신 늙어갈 수 있다면 자신의 영혼이라도 팔겠다고 말합니다.

신비하게도 이 말은 현실이 되어, 도리언이 악행을 저지를수록 초상화는 추악하게 변해가지만 도리언은 아름다운 외모를 유지할 수 있었습니다. 도리언은 양심의 거리낌 없이 더 많은 쾌락을 탐닉하였고, 세월이 갈수록 초상화는 더욱 추악하고 혐오스러운 모습으로 변해갑니다.

시간은 지나 도리언의 38세 생일 전날에 그의 초상화를 그려준 바질이 도리언을 찾아옵니다. 바질은 도리언의 행동에 대한 나쁜 소문들을 걱정하며 행실을 바로 할 것을 조언합니다. 하지만 도리언은 냉담한 반응을 보이며, 바질에게 흉측하게 변한 자신의 초상화를 보여줍니다. 도리언은 자신의 아름다운 외모에 대한 허영심을 불러일으킨 바질을 탓하며, 자신의 파멸이 마치 그의 탓인 양 증오심으로 가득 차 바질을 살해합니다.

어느날 밤, 도리언은 자신의 때 묻지 않은 순수한 예전 모습을 그리워하게 되었습니다. 그는 다시 좋은 행동을 하기로 마음먹고 초상화가 이전보다 나아졌기를 바라며 확인해 보았지만 초상화는 여전히 끔찍한 모습이었습니다. 결국 도리언은 바질을 찔러 죽였던 칼로 자신의 초상화의 심장을 깊숙이 찔러 죽음에 이르게 됩니다.

청명한 저녁 하늘에 그려진 붉은 노을처럼 아름다운 것을 보면 한순간 모든 것이 멈춰버린 듯이 넋을 잃고 바라보게 됩니다. 눈을 뗄 수 없을 정도로 아름다운 사람을 볼 때도 마찬가지입니다. 강렬한 마법의 힘에 이끌려 그저 멍하니 바라보게 하는 사람이 있습니다. 도리언 그레이가 그런 인물입니다. 오스카 와일드의 《도리언 그레이의 초상》은 그런 아름다움을 지닌 청년과 그의 매우 독특한 초상화에 대한 이야기입니다.

1 아름다움이란 도대체 무엇일까?

이 작품은 아름다움에 대해 생각하게 합니다. 아름다움이란 것이 무엇인지, 아름다움이 단지 감각의 문제인지, 아름다움이란 젊음처럼 한순간 반짝 빛나고 지나가버리는 것인지, 아름다운 것과 선한 것은 상관있는지 등에 대해 질문을 던집니다.

이 소설의 주인공 도리언은 작품에서 두 번 변화합니다. 첫 번째는 순수한 청년 도리언이 세속적인 인물 헨리에 의해 순수함 대신 감각적 삶을 추구하는 인생으로 변하는 것입니다. 그리고 두 번째는 20대 외모 그대로를 간직하며 살아왔지만 사실은 매우 방탕한 영혼을 지닌 중년의 도리언이 자신의 흉측한 초상화를 혐오하며 이전의 순수함을 되찾고자 하는 것입니다. 도리언의 변화를 따라 생각해보면 우리가 추구하는 아름다움이 단순하지 않다는 것을 알게 됩니다.

고대부터 르네상스 시기까지는 아름다움이 무엇인지 물었을 때 많은 사람들이 비례와 조화를 떠올렸습니다. 아름다움의 기준으로 삼은 비례와 조화는 서로 긴밀한 관계를 지닙니다. 조화는 질서에서 나오고, 질서는 비례에서, 비례는 척도에서, 척도는 숫자에서 나옵니다. 만물의 근원을 '숫자'로 본 철학자 피타고라스는 아름다움을 구성하는 궁극적인 요소 또한 '수의 비례'로 파악했습니다. 피타고라스는 질서 정연하게 배열된 음악의 화음이 우주의 조화를 보여준다고 생각했습니다.

그러나 18세기에 이르러 경험론이 등장하면서 아름다움에 대한 생각이 바뀌게 됩니다. 아름다움은 대상이 지닌 객관적인 성질 때문이 아니라, 어떤 대상이 우리에게 일깨워주는 즐거움과 같은 심리적 반응에서 비롯된다고 생각하게 되었습니다. 이제 아름다움은 대상을 바라보는 사람에게 달린, 개인적인 취미의 문제가 됩니다. 따라서 어떤 대상이 아름다움의 조건을 충족하느냐보다는 감상자가 아름답게 느끼느냐의 여부가 중요해집니다. 근대 경험론을 대표하는 철학자 데이비드 흄은 어떤 사람이 아름답게 느끼는 대상을 다른 사람이 그렇지 않게 느낄 수 있다고 합니다. 사람에 따라 아름다움을 다르게 느낀다는 것입니다.

아름다움에 대한 판단이 개인에 따라 다르다는 것은 의심의 여지가 없습니다. 상쾌한 풍경과 어우러진 저녁 노을이 아름답다고 느끼는 것은 어떤 개념이나 논리, 비례로 설득되는 것이 아니라 나의 감각에 즐거움을 주기 때문이지요. 무엇인가 아름답다면 그것이 나의 감각에 즐거움을 주는 것이어야 합니다. 그런데 이러한 판단이 순전히 개인의 감각에만 국한된 문제일까요? 임마누엘 칸트에 의하면 어떤 대상이 아름답다는 판단은 특이하게도, 순전히 나의 주관에서 나왔지만 동시에 다른 모든 사람에게도 마찬가지로 아름다울 것이라고 생각하는 것입니다. 어떤 대상이 아름답다는 판단이 한 사람만의 것이 아니라 보편적이고 타당한 판단이 될 수 있다는 말입니다. 왜냐하면 인간에게는 '공통적인 감각'이 있기 때문이지요. 이를 칸트는 '공통감'이라고 하며, 공통감 덕분에 아름답다는 판단이 나 혼자만의 판단이 아니라 다른 사람에게도 그렇다고 말할 수 있는 것입니다. 공통감이 없다면 무엇이 아름답다는 판단은 개인 혼자만의 취미에 그치며 다른 사람의 동의를 기대할 수 없습니다.

그렇다면 추한 것도 아름다운 것이 될 수 있을까요? 아리스토텔레스는 어떤 추한 대상도 아름답게 묘사할 수 있다고 주장했습니다. 칸트 역시 자연에서 추하거나 불쾌한 것들도 아름답게 묘사하는 것이 가능하다고 인정했습니다. 광포함, 질병, 전쟁의 폐허와 같은 것들도 아름답게 묘사될 수 있지만, 단 한 가지 추만은 자연 그대로 표현하면 결코 아름다울 수 없다고 예외를 두었습니다. 그것은 구토를 불러일으키는 추입니다. 칸트가 예외를 둔 '구토를 불러일으키는 추'가 구체적으로 무엇인지는 알 수 없지만 칸트도 이 세상에 있는 많은 것들을 아름답게 묘사할 수는 있다는 것에는 동의한 셈입니다.

그런데 여기서 한 가지 질문이 생깁니다. 아름다운 것은 비례나 조화, 또는 감각적 쾌를 불러일으키는 감각 그 자체로만 평가될까요? 사실 겉모습으로 완벽하게 아름답더라도 지저분한 생활을 하고 더러운 양심을 지니고 있을 때 그 사람을 아름답다고 말하기 어렵습니다. 그 반대로, 늙고 일그러진 모습이어도 감동을 주는 행동을 하는 사람은 아름답게 느껴집니다. 심지어 앙상한 시체를 앞에 두고도 유가족들은 추하다는 느낌이나 공포감 대신 아름다운 마지막 모습이라고 생각할 것입니다.

2 육체의 아름다움 vs 영혼의 아름다움

고대 그리스의 아름다운 청년 알키비아데스는 소크라테스를 열렬히 흠모한 제자 중 하나입니다. 알키비아데스는 당시에 매우 인기 있는 청년이었지만 소크라테스는 그의 외모나 인기에 대해 무심했습니다. 소크라테스는 육체를 사랑하는 것과 영혼을 사랑하는 것을 구분하고 육체를 사랑하는 사람은 육체가 시들면 떠나지만 영혼을 사랑하는 사람은 영혼이 더 나은 것을 추구하는 한 지속될 테니 영혼을 아름답게 가꾸라고 충고합니다. 육체나 명예, 인기 등은 세월에 따라 변하지만 영혼은 더 나은 것을 추구하는 한 변하지 않기 때문입니다.

플라톤의《향연》은 에로스, 즉 사랑에 대해 논의하는 대화편입니다. 여기서 아름다움을 사랑하는 것에 대해 이야기하며, 아름다움이 여러 단계로 구분되고 사다리를 타고 오르듯 보다 더 높은 단계의 아름다움을 추구하는 과정이 나옵니다. 사랑의 첫 단계는 누군가의 아름다운 몸을 사랑하는 것입니다. 우리가 누군가를 사랑하게 될 때 가

1부 자신이 누구인지 알고 싶은 너에게

장 먼저 그의 모습에 집중하는 것처럼 사랑의 첫 단계는 누군가의 육체적 아름다움에 이끌리게 되는 것입니다. 두 번째 단계는 개별적인 한 사람의 아름다움을 넘어 아름다운 몸 일반에 대해 사랑을 느끼는 것입니다. 우리가 누군가와 사랑하면서 그 사람만이 지니고 있다고 생각한 아름다움이 그에게만 속한 것이 아니라 아름다운 사람들 모두에게 공통된 것임을 깨닫게 되는 단계입니다. 세 번째 단계는 몸의 아름다움을 넘어 영혼의 아름다움, 즉 말과 행동의 아름다움을 사랑하는 것으로 나아가게 됩니다. 누군가를 오래 사랑하다 보면 처음 사랑할 때와 달리 그 사람의 모습은 중요하지 않게 되고 오히려 그 사람이 어떻게 말하고 행동하는지가 중요하게 됩니다. 아무리 아름답게 외모를 가꾸었다고 해도 그 사람의 말이나 행동이 천박하고 거칠다면 더 이상 사랑하기 어려운 것과 마찬가지입니다. 네 번째 단계는 행동이 아니라 앎의 아름다움을 추구하는 것입니다. 여기서는 아름다운 배움이 시작되고 아름다움 자체를 사랑하게 됩니다. 사랑의 궁극적인 단계는 아름다움에 대한 깨달음을 얻는 단계입니다. 아름다움에 대한 깨달음은 더 이상 무엇과도 비교할 수 없는 궁극의 아름다움, 절대적이며 영원불변한 아름다움을 아는 것입니다. 이 궁극의 단계는 플라톤의 독특한 철학에서만 이해할 수 있는 것으로, 현상의 세계를 전부라고 믿는 사람들이 이 단계를 이해하는 것은 쉽지 않습니다. 그렇지만 플라톤의 철학에서는 이 세상에 있는 모든 아름다운 것을 가능하게 하는 참된 아름다움 자체, 즉 아름다움의 이데아라는 개념으로 이 궁극의 단계를 설명할 수 있습니다.

댄디즘(Dandyism)

댄디즘은 19세기 초 유럽의 귀족주의가 일부 흔들리던 시기에 외형적 아름다움을 뽐내는 기이한 현상을 일컫는다. 댄디즘 초기에는 우아한 복장, 화려한 장식품, 고급스럽게 장식된 거처, 독특한 태도를 지닌 이들이 내적 성찰 없이 외모에만 집착하는 사람들로 취급되었다. 하지만 단지 우아한 옷차림을 하는 것에 머물지 않고 자기성찰이 더해지면서 댄디즘은 영국과 프랑스를 포함한 전 유럽에 걸쳐 거대한 문화·예술 현상으로 발전했다. 오스카 와일드와 보들레르가 댄디즘을 대표한다. 보들레르는 진정한 댄디란 '정신의 귀족적 우월성'을 가진 사람이라고 한다. 오스카 와일드에 의하면 예술이 끊임없이 구현하고자 하는 것은 영혼과 육체를 하나로 만드는 방식, 즉 외적인 것을 통해 내적인 것을 표현하는 존재 방식이다.

플라톤의 철학을 전적으로 수용하지 않더라도 아름다움의 단계에서 주목할 것이 있습니다. 그것은 바로 육체의 아름다움이 영혼의 아름다움으로 이동하는 사다리라는 것입니다. 그런 점에서 도리언이 자신의 젊고 아름다운 육체의 아름다움을 위해 영혼을 팔겠다는 생각은 플라톤의 관점에서 매우 어리석고 편협한 것입니다. 도리언은 오직 자신의 육체적 아름다움만 추구할 뿐 그다음 단계의 아름다움이 있다는 것을 생각도 못했습니다. 반면 도리언의 초상화를 그린 화가 바질은 아름다움의 더 높은 단계를 깨달은 인물입니다. 바질은 처음엔 아름다운 도리언의 육체에 이끌려 그의 초상화를 그렸지만, 도리언의 순수한 인간성이 자신에게 전적으로 새로운 예술, 새로운 스타일을 만들게 했다고 말합니다. 그는 도리언의 순수한 인간성 덕분에 사물을 달리 보고, 달리 생각하여 자신에게 감추어진 방식으로 삶을 재창조할 수 있었다고 고백합니다. 이 말은 도리언이라는 한 인물의 육체적 아름다움을 사랑하는 것에서 시작하여 아름다운 대상들에

1부 자신이 누구인지 알고 싶은 너에게

공통적으로 있는 보편적인 아름다움을 꿰뚫어보게 되고, 도리언의 순수한 인간성과 올바른 품행을 사랑하는 것으로 나아갔으며 궁극적으로는 아름다움 자체에 대해 깨달은 것이라 하겠습니다. 바질은 자신의 최고 걸작이라고 평가받는 풍경화를 그리게 된 것이 도리언 덕분이라고 했는데, 왜냐하면 도리언을 통해 평생 처음으로 평범한 숲에서 늘 추구하면서도 늘 놓쳤던 경이로움을 볼 수 있었기 때문입니다. 바질에게 도리언은 아름다움의 최상위 단계에까지 이르도록 해준 사다리의 첫 번째 단계였습니다.

반면 순수한 도리언에게 육체의 아름다움과 쾌락에 몰두하게 한 헨리는 감각의 아름다움만이 가치 있는 것이고, 쾌락을 위해서라면 무엇이든 희생할 수 있다고 생각했습니다. 헨리에게 최고의 아름다움은 외적인 것입니다. 그렇기에 나이가 들수록 자연히 삶의 의미는 시들고, 내면에는 불행이 깃듭니다. 헨리가 젊고 아름다운 도리언에게 자신의 사상을 새겨 넣고 도리언의 생각과 행동을 자신의 것처럼 조종했던 것은 그것이 큰 희열을 주기 때문이었습니다. 헨리에게 도리언은 권태로운 시간을 가장 짜릿하게 보낼 수 있게 해주는, 그저 하나의 재미있는 장난감에 불과했던 것입니다. 도리언은 헨리의 영향으로 악행을 저지르고 살아가지만 그 벌은 초상화가 지고, 세월이 지나 중년이 되어도 스무 살의 아름다운 모습을 간직합니다. 그런데 과연 젊은 시절의 모습 그대로 아름답지만 추악한 마음을 지닌 중년의 도리언이 여전히 아름다운 사람이라고 할 수 있을까요?

3 스무 살의 얼굴로 평생 산다면 행복할까?

중년에 이르러 아름다움과 인생의 쾌락을 쫓던 도리언이 소년 시절의 순수함을 되찾겠다고 결심하는 소설의 결말은 독자의 예상을 뛰어넘는 큰 반전입니다. 도리언은 자신의 살인을 완벽하게 감출 수 있었고, 그가 마음만 바꾸지 않았다면 스무 살의 젊은 모습으로 평생을 쾌락에 탐닉하며 계속 살 수 있었습니다. 그런 그가 불현듯 소년 시절의 순수함을 그리워하게 되었다는 것은 무슨 의미일까요? 그는 초상화를 없애버리고 이전으로 돌아가고 싶어 했습니다. 왜냐하면 외적인 아름다움과 젊음만으로는 자신의 삶이 충분히 행복하지 않았기 때문입니다. 외적인 아름다움과 젊음이 평생 지속된다 할지라도 영혼의 순수함이 함께 하지 않으면 살아 있어도 죽은 것이나 마찬가지이고, 삶을 충분히 행복하게 느낄 수 없다는 것을 말해줍니다. 우리가 바라는 아름다움, 그것이 외적인 것에만 머물면 어떤 결론을 얻게 될지를 짐작하게 하는 이야기입니다.

우리 자신은 언제의 모습을 진짜 자신의 모습이라고 생각할까요? 천진하게 웃던 아이일 때일지, 젊음의 생기로 충만할 때인지, 주름지고 허리가 굽은 노인일 때인지 궁금합니다. 그런데 신체를 기준으로 자신을 정한다면 어려움이 있습니다. 왜냐하면 우리의 신체는 어렸을 때는 끊임없이 성장하고 특정 시점 이후에는 끊임없이 노화하는 방식으로 변화하고 있기 때문입니다. 어떤 경우에는 사고로 신체의 일부분을 잃을 수도 있고, 성형으로 전혀 다른 모습을 가질 수도 있습니다. 누군가는 자신의 가장 건강하고 아름다울 때의 몸을 기준으로 그것이 자신의 진짜 모습이라고 주장할 수 있습니다. 그런데 그것은 과거의 자신일 뿐 현재의 자신과는 차이가 있지요. 몸이 노화하는 것은 누구도 돌이킬 수 없는 자연 법칙입니다. 반면 우리 자신에 대한 자아의 의식은 신체와는 다른 방식으로 유지됩니다. 자아에 대한 의식과 자신의 정체성은 시간에 따라 마냥 한 방향으로만 흐르지 않습니다. 물론 외부 환경과 교육, 경험 등에 의해 자의식은 변화하지만 과거의 의식을 반성하기도 하고 과거의 의식으로 되돌아갈 수도 있으며, 현재의 의식을 죽을 때까지 간직할 수도 있습니다. 우리의 육체는 우리의 의지와 달리 계속 변화하지만 의식은 우리의 의지로 가꾸고 반성하고 돌이킬 수 있습니다. 우리의 아름다움 역시 육체에 국한한다면 일시적이고 쇠락의 방향으로 갈 수밖에 없지만 영혼의 아름다움은 그와 일치하지 않습니다. 그렇다면 진정한 나의 아름다움은 나의 몸에 있기보다 나의 의식, 나의 의지, 나의 영혼에 있는 것이 아닐까요? 따라서 우리가 더 많은 주의를 기울이고 더 많은 정성을 쏟을 대상은 몸의 아름다움이 아니라 영혼의 아름다움이 아닐까요? 몸의 아름다움은 일시적이지만 영혼의 아름다움은 생명이 다할 때까지 간직할 수 있고, 그 영혼을 담은 작품을 통해서는 영원히 살아 있을 수 있으니까요.

더 읽어보기

심미적인 것과 예술적인 것

《심미주의 선언》

'심미적(aesthetic)'이란 말은 무슨 뜻일까요?

심미적이란 첫째, 집단적인 것이 아니라 개인적이란 뜻입니다. 둘째, 강요나 주장이 아니라 권유이자 요청의 형식을 띤다는 것입니다. 셋째, 대상에 대한 논증이나 진술로 그치는 것이 아니라 이 대상에 대해 말을 하거나 글을 쓰는 자기 자신/주체로 돌아온다는 뜻입니다. 넷째, 갈등이나 분열이 아니라 통합과 화해를 지향한다는 뜻입니다. 다섯째, 그럼에도 불구하고 이 통합이나 화해가, 현실에 대한 전통적 관념주의적 이해와는 달리, 타자의 무시나 외면이 아니라 이 타자와의 만남과 충돌 속에서 이뤄져야 하고, 이 충돌에서 일어나는 갈등을 감수하고 분열을 견뎌내어야 한다는 뜻입니다.

우선 '예술적'이란 말과 '심미적'이란 말을 구분해보겠습니다. '예술적'이란 용어가 예술이나 예술작품과 관련되어 있는 반면에, '심미적'이란 것은 예술/작품과의 관련성을 포함하면서 그보다 넓은 함의를 지닙니다. 주체가 인간과 사물, 현실과 자연과 풍경을 접할 때, 그가 갖는 감각과 인식에서의 변화—자기갱신적이고 자기형성적인 변화에는 심미적 요소가 들어 있습니다. 심미적 요소의 핵심에는 '심미'라는 말에서 보듯이, '아름다움에 대한 느낌'이 더 정확하게 말하여, '아름다움에 대해 심사하고 판단하는' 요소가 들어 있기 때문입니다.

심미적 능력은 예술작품의 생산과 감상의 차원을 포함하면서도 그것을 넘어 보다 넓은 지평으로 작용합니다. 즉 사물의 일반적 지각이나 세상의 경험에서 그것은 미와 추, 선과 악, 진실과 거짓, 정의와 부정의에 대한 분별력을 키워주고, 이 분별력을 구성하는 감수성과 논리를 단련시킵니다.

—문광훈, 《심미주의 선언》, 김영사, 2015, 73–74쪽에서 발췌하여 재구성

3장

내가 '나'라고 생각하는 '나'는 진짜 '나'일까?

《변신》(프란츠 카프카 지음, 이주동 옮김, 솔 출판사)

 《변신》은 어떤 내용일까?

아침에 일어난 그레고르는 자신의 몸이 조금 달라졌음을 느낍니다. 늘 하던 대로 새벽에 일어나 출근 준비를 해야 하는데, 침대에서 일어나는 것조차 힘듭니다. 낑낑 대던 그레고르는 자신이 딱딱한 갑피를 두른 곤충이 되었다는 사실을 깨닫습니다.

그레고르는 아버지의 사업 실패로 진 빚을 갚고 가족을 부양하기 위해 매일 고된 일을 하는 성실한 청년입니다. 그는 지난 5년간 아버지의 빚을 갚고 집안 식구들의 생계비를 마련해왔기 때문에 유일한 가장으로서 존중받으며 살아왔다고 생각했습니다. 그러나 그것은 그의 착각이었습니다. 가족들은 그레고르 없이도 자신들의 생계를 잘 꾸려갑니다. 이제 그레고르는 가장의 지위에서 방해물로 전락하고 말았습니다.

가족들이 더 많은 수익을 얻기 위해 하숙인을 받은 이후 그레고르에게 치명적인 사건이 일어납니다. 하숙인들이 그레고르를 발견하고는 하숙비를 낼 수 없다고 소동을 벌이게 된 것입니다. 그동안 그를 형식적으로나마 돌보던 동생마저 저런 괴물 때문에 끝없는 고통을 겪으며 산다는 건 정말 도저히 참을 수 없는 일이라고 말하고 울음을 터뜨렸습니다. 그러고는 그 괴물이 정말 오빠라면 식구들을 위해 제 발로 나가주었을 거라고 말합니다. 이런 상황에서 그레고르가 할 수 있는 것은 쇠약해질 대로 쇠약한 몸을 이끌고 사력을 다해 자신의 방으로 들어가 사라지는 것뿐이었습니다. 어렵사리 방에 들어가 혼자가 되자 그는 온몸에 느껴지던 통증이 차차 약해지는 것을 느낍니다. 새벽에 이르자 그레고르는 마지막 숨을 힘없이 내쉬고 생을 마감합니다.

다음 날 아침, 그레고르의 죽음을 알게 된 식구들은 안도하며 직장에 결근계를 내고 기차를 타고 교외로 소풍을 떠납니다.

거울 속에 보이는 내가 낯설 때가 있습니다. 우리의 몸이 서서히 변하기 때문에 자신을 못 알아보는 날은 없지만 그럼에도 불구하고 어느 순간, 문득 낯설게 보일 때가 있습니다. 그럴 때는 꼼꼼히 살피며 '이게 나구나' 하는 마음으로 나 자신에 대한 의식을 나의 몸에 맞추고 있는 나를 발견하게 됩니다. 그런데 사실 자아에 대한 우리의 의식은 가만히 있고, 우리의 몸만 변하는 것이 아닙니다. 우리의 자아의식도 변화합니다. 어린 시절의 자아의식, 사춘기의 자아의식, 성인이 되고 노인이 되어서의 자아의식이 동일하지 않습니다. 인생 주기에서만이 아니라 개인적으로 경험하는 큰 사건을 겪으면서도 자아의식은 많이 변합니다. 몸과 자아의식이 이렇게 끊임없이 변화한다면 과연, 지금 이 순간의 자기 자신을 '나'라고 부를 수 있는 근거는 무엇일까요? 사고나 화재에 의해 신체의 일부를 잃거나 기억의 일부를 상실하고도 자신을 자신이라 할 수 있을까요?

나에 대한 수수께끼는 몸과 마음에만 있는 것이 아닙니다. 내가 나를 '나'라고 생각하는 것과 다른 사람이 나를 생각하는 것이 같을까요? 내가 생각하는 나는 다른 사람이 생각하는 나와 일치하지 않을 때가 많습니다. 그렇다면 누구에 의한 판단이 진짜 나일까요? 나를 가장 많이 관찰한 부모님이 나를 나보다 더 잘 안다고 해야 할까요? 부모님은 내가 태어나서 내가 기억하지 못하는 나의 모습까지 모두 아시는 분이긴 하지만 어느 정도 성장한 후에는 나의 진짜 모습을 부모님께 다 보여드리지는 않습니다. 그렇다면 나와 많은 시간을 함께

한 친구들이 나를 가장 잘 안다고 해야 할까요? 그런데 같은 시절 함께 지냈던 친구들마저 나에 대해 생각하는 것이 각기 다릅니다. 그렇다면 과연 나에 대해 가장 정확히 알고 있는 사람은 누구일까요? 나 자신일까요? 나는 과연 나 자신이 어떤 존재인지 남들보다 정확하게 잘 알고 있을까요? 어떤 때는 내 자신도 모르는 나를 다른 사람과 대화를 통해 깨닫기도 합니다. 나도 몰랐던 나 자신에 대해 남과 대화하면서 알게 되었다면 나는 나 자신에 대해 얼마나 무지했던 것일까요?

1 알아볼 수 없을 정도로 변해버린 나는 나일까?

거울 속의 내가 이전과 달라 보이는 정도가 아니라, 아예 알아볼 수 없을 정도로 변해버려도 '나'라고 인식할 수 있을까요? 꿈속에서는 날개를 달고 새처럼 날기도 하고 남녀의 성이 바뀌기도 하고 노인이나 아이가 되어도 '나'라는 의식을 갖습니다. 어떻게 나는 그처럼 낯선 존재에 대해서도 '나'라는 생각을 할 수 있을까요?

바로 《변신》의 그레고르에게 우리가 상상하는 그런 일이 일어났습니다. 어느 날 아침 그레고르가 잠에서 깨어났을 때 그의 온몸이 커다란 갑충으로 변해 있었습니다. 그는 침대에서 일어나고 싶어도 자신이 생각한 대로 움직일 수 없었습니다. 늘 하던 대로 새벽 네 시에 일어나 옷감 견본들로 꽉 찬 무거운 가방을 들고 새벽 다섯 시 기차를 타야 했는데 몸이 따라주지 않는 것을 고민하고 있습니다. 그레고르의 몸은 낯선 갑충으로 변했지만 그의 마음은 평소와 다름없던 것입니다. 그는 침대 위에서 아버지 사업이 실패한 후 하루도 빠짐없이 5년째 하고 있는 출장영업 일이 고되다는 것, 앞으로 5~6년 더 일하여 집안의 빚을 다 갚으면 이 일을 그만두겠다는 평소의 생각을 하고 있습니다. 이때 출근시간이 지났는데도 출근하지 않을 것을 알게 된 식구들과 회사에서 나온 지배인이 그레고르의 방문을 두드리며 상황을 파악하려 하자 그는 변명을 해봅니다. 그러나 그의 말은 더 이상 인간이 알아들을 수 없는 괴상한 소리로 변해버렸고, 불가피하게 드러낸 그의 모습은 모두를 놀라게 합니다. 이제 그는 곤충의 모습으로 변해버려 누구와도 소통할 수 없게 되었습니다. 그렇다면 스스로를 그레고르라고 생각하는 이 갑충은 정말 그레고르일까요?

철학자 데카르트는 그레고르라고 스스로를 의식하는 이 갑충이 그레고르라는 것을 지지해줄 수 있습니다. 데카르트는 다른 어떤 것에 근거하지 않고 그 자체로 가장 확실한 철학의 제1원리를 알고 싶어 했습니다. 데카르트는 철학도 수학이나 기하학과 마찬가지로 원리나 공리와 같이 절대적으로 확실한 것을 토대로 체계화해야 한다고 생각했습니다. 이를 위해 그는 모든 앎의 기초가 되는 확실한 앎, 철학의 제1원리를 찾아내기 위해 의심할 수 있는 모든 것과 거짓일 수 있는 모든 것을 배제하는 '방법론적 의심'을 시도합니다. 데카르트는 거짓일 수 있는 가능성을 조금이라도 포함하고 있다는 것은, 설사 그것이 아직 거짓임이 증명되지 않았다 할지라도 나중에 거짓이 밝혀질 수도 있다고 생각했습니다. 그래서 절대적으로 확실한 것이 아니면 모두 배제했습니다.

　우리의 앎은 대부분 감각을 통해 얻어집니다. 예컨대 '살찐 간'이라는 의미의 프랑스 요리 '푸아그라'를 아는 사람과 그렇지 않은 사람은 '푸아그라'에 대해 들었거나 보았거나 맛보았거나 감촉을 느껴보았거나 냄새를 맡아본 경험이 있느냐 아니냐에 따라 나뉩니다. 우리의 시각, 청각, 미각, 촉각, 후각을 통해 아는 것은 경험적 인식입니다. 그런데 데카르트는 이런 경험적 인식이 모든 인식의 토대가 될 수 있을 만큼 확실한 앎인가를 의심합니다. 우리가 참이라고 생각한 경험적 인식이 나중에 거짓이라고 밝혀진 경우가 단 하나라도 있다면 그것은 확실한 앎이라고 할 수 없습니다. 다시 푸아그라를 예로 들어볼게요. 누군가는 그것이 부드럽고 달콤하다고 경험하지만 다른 누군가는 질퍽하고 느끼하다고 경험한다면 이것은 확실한 앎이라고 할 수 없습니다. 사람에 따라 감각의 정도가 다르고 동일한 사람의 경우라 해도 그 사람이 배고픈 때, 감기에 걸린 때, 멀리서 보기만 한 때 등등 그것을 경험하는 상태와 상황에 따라 경험적 앎은 달라질 수밖에 없습니다.

　데카르트는 감각을 통해 얻은 경험적 인식이 거짓으로 밝혀지는 경험의 예로 '착각'을 듭니다. 멀리 있는 형체를 보고 내가 아는 사람이라고 생각했는데 가까이서 보니 낯선 사람일 수도 있고, 친구의 목소리라고 생각했는데 누군가 장난을 한 것일 수도 있습니다. 이처럼 경험적 인식은 착각일 가능성이 있기 때문에 확실한 앎이 될 수 없습니다. 그러나 데카르트는 경험적 인식을 '착각'일 가능성이 있다는 이유로 쉽게 포기하지는 않습니다. 감각상의 착각은 멀리 있거나 누군가 속이려는 의도가 있거나 하는 특수한 경우에나 발생하지 감각하는 사람 바로 앞에서는 일어나지 않기 때문입니다. 최소한 바로 눈앞에 있는 것을 착각하지는 않는다는 것입니다. 그래서 데카르트는 이제 눈앞에 있는 것에 대한 감각 경험을 통해 얻은 앎은 의심할 수 없이 확실한가를 다시 묻습니다. 여기서 그는 또 다시 의심의 가능성을 제시합니다. 지금 내가 눈앞에 책을 마주하고 있다고 경험하는데 그것이 거짓이라고 밝혀지는 경우가 있다는 것입니다. 바로 '꿈'의 경우입니다. 꿈이 너무 생생하여 꿈에서 경험한 것을 실제라고 믿는 경우가 있습니다. 그렇다면 지금 내가 책을 읽는 경험 또한 꿈일 수도 있지 않을까요? 꿈인지 아닌지를 묻고 내 팔을 흔들어보면서 실제인지를 확인해보는 행동조차 꿈속에서 생생하게 가능하기 때문입니다. 그래서 착각과 꿈의 가능성 때문에 경험적 앎은 절대적으로 확실한 앎에서 배제됩니다.

그렇다면 1+1=2와 같은 수학적 관념은 어떨까요? 물론 이는 음식에 대한 감각적 앎과는 비교할 수 없을 정도로 확실합니다. 이는 내가 계산하든 남이 계산하든, 집에서 계산하든 멀리 떨어진 여행지에서 계산하든, 어렸을 때 계산하든 노인이 되어서 계산하든 그 값은 동일합니다. 심지어 이성만 바로 작동한다면 꿈에서도 같은 값을 얻을 수 있습니다. 그렇다면 이것은 거짓일 수 있는 가능성이 전혀 없는 확실한 앎일까요?

데카르트는 자신이 확고하다고 믿는 수학이나 기하학의 관념마저 의심해봅니다. 즉, 인간의 이성 전체가 잘못 판단하고 있을 가능성을 열어두는데, 그것은 인간의 이성 전체를 속이는 '악령'의 존재를 가정하여 수학적 관념조차 절대적으로 확실한 것은 아니라고 합니다. 사실 1+1 =2가 아닌데 내가 그 계산을 하는 때마다 매번 악령이 개입하여 '2'라고 말할 수 있다는 것입니다. 이처럼 모두가 확실하다고 믿는 수학적 관념조차 악령의 기만일 수 있다는 의심은 하나의 '사고 실험'으로서 흥미롭습니다. 데카르트는 과감하게 그런 사고 실험을 감행합니다. 그렇게 되면 감각적 앎뿐만 아니라 관념적 앎까지도 절대적으로 확실하지 못하다는 결론에 도달합니다. 그러면 이제 어떤 것도 확실하게 존재하는 것은 없는 것일까요?

데카르트는 '방법론적 회의'를 통해 의심 가능한 모든 것을 배제하는 전략을 사용하여 자신의 신체, 자신이 경험하는 모든 것, 자신이 알고 있는 관념들 모두를 절대적으로 확신할 수 없다고 결론 내립니다. 그러고 나서 물음의 방향을 바꿔 의심하고 있는 주체에 대해 의심합니다. 나는 감각적 인식을 할 때 착각하거나 꿈을 꿀 수 있습니다. 관념적 인식을 할 때 악령에 의해 속임을 당할 수도 있습니다. 이처럼 절대적으로 확신할 수 없는 것은 경험하는 대상이나 관념들이지 그것을 착각하는 주체, 꿈꾸는 주체, 악령에게 속임을 당하는 주체는 여전히 의식 활동을 하고 있는 것은 분명합니다. 모든 것을 의심할 수는 있어도 착각하고 꿈꾸고 기만당하는 의식 활동 자체가 있는 것은 더 이상 부정할 수 없는 사실로 남습니다. 의심하고 있는 나의 의식에 대해서만큼은 더 이상 의심할 수 없습니다. 의심하고 있는 나 자신이 존재한다는 것만은 의심할 수 없다는 말입니다. 그래서 데카르트가 도달하는 최종 결론은 "나는 생각한다. 고로 나는 존재한다(cogito ergo sum)"라는 것입니다. 데카르트는 이것을 필연적 참으로 보고 철학의 제1원리로 삼습니다.

이제 스스로 그레고르라고 믿는 갑충의 존재가 정말 그레고르인가에 대한 질문에 답할 수 있습니다. 그레고르의 신체는 갑충으로 변해 알아볼 수 없고, 이 모든 이야기가 그레고르의 꿈일 수 있고, 밤사이 정신 이상을 일으켜 그레고르 혼자만 자신의 몸이 갑충으로 변했다고 착각할 수 있습니다. 그러나 어쨌든 착각이든 꿈이든 환각이든 스스로를 그레고르라고 의식하는 주체로서의 그레고르의 의식은 의심의 여지없이 존재하는 것입니다. 그렇다고 데카르트가 갑충으로 변한 몸까지 그레고르라고 말하는 것은 아닙니다. 사실 데카르트는 갑충으로 변하기 전 그레고르의 몸을 두고도 그레고르라고 말하지 않습니다. 데카르트가 말하는 자아는 순전히 자아에 대해 의식하는 동안 그 의식을 두고 확실하게 존재한다고 말하는 것뿐입니다. 그의 몸이 어떻게 변하든 상관없이 스스로에 대해 생각하는 존재로서의 자아는 애초부터 확실히 있다는 것입니다.

2 나를 나라고 할 수 있는 것

합리주의자 데카르트에 의하면 어떤 의식 활동을 하건 의식 활동을 하는 주체, 자아 동일성을 가진 생각하는 주체만이 그 자체로

의심의 여지 없이 자명하게 존재하는 것입니다. 그러나 그 주체가 의식하는 내용은 착각이거나 환각일 가능성이 있습니다. 반면 경험주의자 데이비드 흄은 의식 내용으로 주어지는 인상들의 확실성은 자명한 것으로 받아들이지만, 의식 활동을 하면서 변함없이 자아 동일성을 유지하는 의식의 주체라는 관념은 허구라고 말합니다. 흄에 따르면 우리가 확신할 수 있는 존재는 의식에 떠오르는 인상들과 그 인상들이 만들어낸 관념들뿐입니다. 우리가 어떤 것에 대한 관념을 가질 때, 우리는 그 관념을 존재하는 어떤 것에 대한 관념으로 받아들입니다. 무엇인가를 존재하는 것으로서 말할 수 있기 위해서는 그 무엇에 대한 인상이 우리에게 주어져야 합니다. 예컨대 내 앞에 놓인 사과를 보면서 빨갛고 달콤하고 단단하고 향기로운 사과의 인상들이 우리 의식에 들어오면서 우리는 사과라는 관념을 형성하고 사과가 실제로 있다는 것을 확실하게 알게 됩니다.

흄의 관점에서 그레고르의 경우를 살펴보면, 자신의 몸을 갑충으로 의식하고 그에 대한 인상과 관념들이 의식되는 한 그 관념들이 모여서 자기 자신으로 존재하는 것입니다. 데카르트 관점에서는 그레고르가 갖는 갑충의 인상, 관념은 착각이거나 환각이거나 꿈일 수 있는 불확실한 것이지만 흄의 관점에서는 그레고르가 경험한 감각, 인상, 관념만이 있을 뿐, 그것들로부터 독립된 그레고르의 의식 주체로서의 '자아'가 있다는 것은 허구입니다. 철저한 경험주의자인 흄에게는 관념들을 파악하는 의식 주체, 즉 자아에 해당하는 인상이나 관념이 없기 때문에 자아라는 존재를 따로 인정할 수 없습니다.

이렇게 보면 데카르트는 관념을 이해하는 의식의 주체를 중시하는 것이고, 흄은 인상과 관념으로 이루어진 의식의 내용을 중시하는 것입니다. 이 두 철학자는 한 대상의 느낌, 인상이 우선적으로 중요한 것인지, 그에 대한 나 자신의 의식이 우선적으로 중요한 것인지에 따라 입장이 달라집니다. 즉 우리 의식에 주어지는 다양한 관념들, 예를 들어 갑충으로서의 단단한 등, 주름 잡힌 배의 불룩함, 상한 음식을 좋아하는 입맛 등을 확실히 존재하는 것으로 보고 그 관념들의 다발들을 '나'라고 단지 이름 붙일 뿐인지, 그 관념들 너머에 그러한 관념을 지각하는 주체로서의 '나', 나의 몸이 어떤 형태로 변하고 내가 무엇을 경험하든 상관없이 태어날 때부터 변함없이 존재하는 자기 동일적 자아로서의 '나'가 따로 존재한다고 보는지의 차이입니다. 데카르트는 무엇을 경험하는가와 상관없이 태어날 때부터 본질적으로 가지고 있는 자기 동일적 자아, 즉 모든 경험과 독립하여 변함없이 존재하는 실체로서의 자아가 있다고 보는 반면 흄은 그런 것 없이 경험을 통해 생겨나는 수많은 관념들의 다발만이 나를 구성할 뿐이라고 봅니다. 흄의 한계는 그레고르가 갑충의 감각을 통해 얻게 된 인상과 관념들이 실재한다는 것은 인정하면서도 갑충으로 변하기 전과 변한 후 여전히 동일한 그레고르의 '자아'라고 말할 수 있는지가 불확실하다는 데 있습니다. 흄은 관념들을 연결하여 어떤 변화에도 연속된 주체를 보증하는 '자아'에 대한 인상이 없다고 주장하기 때문입니다.

데카르트의 관점과 흄의 관점 중 무엇이 이 소설의 주인공 그레고르를 이해하는 데 도움이 될지는 여러분이 선택할 문제입니다. 그런

1부 자신이 누구인지 알고 싶은 너에게

데 두 관점 모두 각각 한계가 있습니다. 데카르트의 철학은 자아라는 사적이고 심리적인 관념 세계를 물리적 세계와 독립하여 존재하는 것으로 보는 이원론을 가정합니다. 그런데 여기서 '자아'는 자기의 몸을 통해 얻은 경험과 무관하며 순전히 사적이고 심리적인 관념의 세계를 벗어날 수 없습니다. 반면 흄의 철학처럼 인상과 인상들이 만들어낸 관념들의 확실성만을 주장하게 되면 관념들 간의 관계를 말할 수 없게 됩니다. 나의 인상과 관념들을 총괄하여 이 관념들이 다른 사람의 것이 아닌 바로 나의 것이라고 말할 '자아', 갑충으로 변신하기 전과 후의 인상과 관념들을 모두 총괄하여 동일한 그레고르의 '자아'라는 것을 부정하게 됩니다. 이것을 경험론적 회의주의라고 합니다.

그런데 바로 이 경험적 회의주의는 역설적이게도 데카르트의 합리론과 흄의 경험론의 통합에 영감을 줍니다. 흄은 우리 의식에 경험적

철학 Talk Talk

임마누엘 칸트(Immanuel Kant, 1724-1804)

서양 근대의 철학은 합리론과 경험론으로 대비된다. 사적인 실체 또는 자아의 보편적 이성을 통해 존재 일반의 본질을 해명해 나가려고 한 것이 합리론이라면, 자아를 외적 사물 세계에 의해 주어지는 인상 또는 경험에 의해 규정되는 개체적 존재로 파악한 것이 경험론의 특징이다. 칸트는 세계에 대한 우리의 경험이 어떻게 가능한가를 물었다. 그리고 경험론의 한계와 합리론의 한계를 각각 문제 삼고 이 두 사상을 종합하였다. "내용 없는 형식은 공허하고 형식 없는 내용은 맹목적이다"라는 말이 그의 사상적 종합을 잘 보여준다. 칸트는 인식의 형식은 본래부터 갖고 있지만 인식의 내용은 경험으로 얻을 수밖에 없다고 보았다. 그는 인간은 경험을 재료로 삼되, 경험과는 상관없이 타고난 인식 능력을 통해 보편적 진리를 알 수 있다고 주장함으로써 합리론과 경험론의 종합을 이루어 냈다.

으로 주어지는 의식 내용으로서의 관념과 그런 관념들을 서로 관계 맺게 하는 의식의 형식을 분명히 구분하면서, 후자가 전자로부터 도출되지 않는다는 것을 주장했습니다. 그리고 칸트가 바로 이 입장을 수용합니다. 그러나 칸트는 흄과 같은 회의론에 빠지는 대신에 자아와 같은 관념들의 관계를 짓는 것들의 근원이 경험적으로 주어진 관념 자체일 수 없으며 오히려 그런 관념들을 총괄하여 서로 관계를 맺는 인간 주관의 활동일 수밖에 없다는 결론을 내립니다. 그리하여 관념들을 총괄하는 자아는 비경험적이기에 경험 이전에 존재하는 것이라고 주장하게 됩니다. 이것이 합리론과 경험론을 통합한 철학자 칸트의 관심 주제였습니다.

칸트의 관점에서 보면 그레고르는 신체의 경험을 통해 얻게 되는 인상과 관념들을 통칭하여 자기 자신이라고 말할 수 있는 '경험적 자아'가 있을 뿐만 아니라, 그 모든 관념들을 받아들이고 관념들을 총괄하는 '나는 생각한다'에 해당하는 의식의 활동성으로서 자아가 동시에 있는 것입니다.

[3] 나에 대해 가장 잘 아는 사람은 누구일까?

그레고르가 갑충으로 변한 것은 분명 그가 원해서 그렇게 된 것은 아닙니다. 물론 그는 자신의 일을 좋아하지 않았고, 갑충으로 변신한 덕분에 하고 싶지 않은 일을 더 이상 하지 않아도 되었습니다. 그렇지만 그레고르 자신이 이렇게 갑충으로 변해서 가족들에게 걱정을 끼쳐가면서까지 일을 거부했던 것은 아닙니다. 어쩌면 그레고르의 변신은 5년간 일에 지치고 자기 자신을 돌보지 못해서 심리적으로 병이 들고 인간적 삶을 누리지 못하는 열악한 상황에 대해 내면적으로 폭발한 것을 상징적으로 표현한 것인지도 모르겠습니다. 그렇다면 그의 몸이 갑충으로 변신한 것은 심리적·내면적 고통의 은유라고 할 수 있습니다.

그런데 사실 그레고르가 갑충으로 변한 이후 그레고르 자신의 변화보다는 가족들의 변화가 더 놀랍습니다. 그레고르는 그동안 아버지의 빚을 갚아오고 집안 식구들의 생계비를 마련해왔기 때문에 유일한 가장으로서 존중받으며 살아왔다고 생각했습니다. 그러나 그것은 그의 착각이었습니다. 5년 전 돈을 벌어왔던 첫 날에는 식구들이 그 돈을 애틋한 감정으로 감사하게 받았지만 그 이후에는 더 많이 벌어다주어도 습관처럼 대할 뿐이었습니다. 그럼에도 불구하고 가족에 대한 그레고르의 사랑은 변함없었습니다. 그레고르는 동생의 바이올린 연주를 사랑하여 그녀를 음악학교에 보낼 꿈을 가지고 있었습니다. 물론 그러기 위해 더 많은 돈을 벌 각오가 되어 있었습니다. 그레고르는 천식을 앓고 있는 어머니와 사업실패로 기력이 쇠해 늘 잠옷만 입고 있는 아버지가 일을 할 수 없으리라 생각했지만 그레고르가 변신한 이후 식구들은 모두 자립적인 모습으로 변화했습니다. 아버지는 사업이 실패했을 때 챙겨두었던 비상금을 공개하며 장기적인 대책을 마련하였을 뿐만 아니라 은행 경비로 취직하여 제복을 입고 출근했습니다. 동생은 속기와 외국어를 익혀가며 가게의 점원으로 취직하였고, 어머니는 바느질을 시작하였습니다. 그동안 그레고르 자신만이 유일하게 집안의 생계를 책임 질 수 있다고 생각했던 것이 착각이었던 것입니다. 식구들은 이제 그레고르가 벌어다주지 않아도 살 수 있을 정도가 되었습니다. 이제 그레고르는 가장의 지위에서 방해물로 전락하고 말았습니다.

어느 날 저녁 동생이 바이올린을 거실에서 연주할 때, 그레고르는 그녀의 음악에 이끌려 거실로 나와 음악에 취해 있었는데, 하숙인들이 그레고르를 발견하고 그동안의 하숙비를 낼 수 없다고 소동을 벌이게 됩니다. 그러자 그동안 그를 형식적으로나마 돌보던 동생마저 그레고르를 '괴물'이라고 가리키며 이제는 벗어나야 하며, 저런 괴물 때문에 끝없는 고통을 겪으며 산다는 건 정말 도저히 참을 수 없는 일이라고 말하고 울음을 터뜨렸습니다. 그러고는 그 괴물이 정말 오빠라면 식구들을 위해 스스로 나가주었을 거라고 말합니다. 이런 상황에서 그레고르가 할 수 있는 것은 쇠약해질 대로 쇠약한 몸을 이끌고 사력을 다해 자신의 방으로 들어가 사라지는 것뿐이었습니다. 어렵사리 방에 들어가 철저히 고독한 상황이 되자 그는 온몸에 느껴지던 통증이 차차 약해지는 것을 느낍니다. 그리고 공허하고도 평화로운 생각에 빠져 있다가 새벽에 이르러 마지막 숨을 힘없이 내쉬며 죽어갑니다. 다음 날 아침, 그레고르의 죽음을 알게 된 식구들은 안도하며 직장에 결근계를 내고 교외로 소풍 나가 새로운 꿈과 희망을 품는 것으로 작품은 끝납니다.

이러한 결말은 섬뜩합니다. 그레고르는 자신의 노고에 대해 식구들이 감사해한다고 생각했지만 갑충으로 변신한 후 그가 당연히 받아야 할 관심과 배려는 찾아 볼 수 없었고, 그 대신 공포와 위협만이 있었습니다. 그레고르가 식구들에 대해 한 착각을 변신을 통해 깨닫게 된 것입니다. 그런데 그레고르는 식구들을 원망하거나 복수하지 않았습니다. 그는 오히려 식구들에 대한 감동과 사랑의 마음을 품에 안고 죽어 갔습니다. 여기서 알 수 있는 것은 그레고르는 갑충으로 변신하기 전이나 후에나, 가족들이 그에게 고마움을 갖고 있거나 냉대하거나, 동생이 자신을 돌보거나 괴물이라고 욕하거나와 상관없이 늘 한결같은 마음을 가지고 있지만 가족들의 태도는 극명하게 변했다는 것입니다. 우리는 서로의 진짜 모습을 확인하기 위해 어떤 계기가 필요한지도 모르겠습니다. 그레고르가 갑충으로 변신하지 않았다면 그레고르는 식구들에 대한 착각을 계속했을 것이고, 앞으로도 많은 세월을 자신이 매우 싫어하는 일을 계속했을 것입니다. 이 소설에서 변신은 각 인물들의 실제 모습을 드러내주는 계기라고 할 수 있습니다.

그레고르의 변신은 나를 '나'라고 생각하는 것과 다른 사람이 나를 생각하는 것의 차이를 알 수 있습니다. 그레고르의 정체성을 두고 앞서 소개한 철학자들과 연결해보면 다음과 같습니다.

그레고르가 자신을 갑충이라고 생각하지 않고 인간 그레고르의 정체성을 지킬 수 있었던 근거는 데카르트의 관점에서 찾을 수 있습니다. 데카르트의 관점에 따르면 그레고르가 갑충으로 변했든 이전의 인간의 모습이든 의식하는 주체로서의 자아동일성은 그대로 유지됩니다. 인간이었을 때와 같은 의식을 유지하고 있기 때문에 그레고르는 갑충이 되고나서도 회사에 출근하기 위해 버둥거리고, 가족들의 생계를 걱정하며 우울해하는 것입니다.

하지만 그레고르의 겉모습이 달라지자 그를 더 이상 가족의 일원으로 대하지 않았던 그레고르의 가족들은 흄의 관점에 가깝다고 볼 수 있습니다. 흄의 관점에서 본다면 회사원으로서의 그레고르와 갑충으로서의 그레고르를 하나로 만들어주는 자아동일성은 허구에 불과합니다. 그레고르의 방에 있는 흉측한 갑충은 듬직한 가장이었던 그레고르와는 외모, 목소리, 입맛까지 모든 것이 다릅니다. 가족들에게는 갑충이 주는 인상과 회사원 그레고르가 주었던 인상이 전혀 일치하지 않기 때문에 갑충을 그레고르라고 볼 수 없었던 것이지요.

두 가지 입장 모두 일리가 있습니다. 다시 이 장의 시작 부분에 던졌던 질문으로 돌아가 봅니다. 내가 나를 나라고 생각하는 것과 다른 사람이 나라고 생각하는 것은 같을까요? 내가 나라고 생각한 나는 진짜 나일까요? 그레고르에게 변신은 바로 자기 자신도 모르던 속마음과 식구들에 대한 착각을 확인하는 계기가 되었습니다. 우리는 사실 평소에도 스스로를 기만하여 자신의 마음을 착각하곤 합니다. 그레고르를 '괴물'이라고 말한 동생도 평소에는 오빠를 사랑한다고 스스로 믿었을 것입니다. 그렇다면 변신한 그레고르를 이전의 그와 동일한 인물이라고 말할 수 있는 근거는 무엇일까요? 나의 몸의 생김과 상관없이 내가 다른 사람에게 어떤 인상을 주는가와 상관없이 나에 대한 모든 경험과 상관없이 나를 나라고 확신할 수 있는 것은 칸트가 말한 경험 이전의 자아, 초월적 자아가 정말 있기 때문일까요?

다른 이에게
다가가고 싶은
너에게

사랑으로 인한 마음의 상처는 죽음만큼 치명적일 수 있습니다. 그러나 그러한 사랑을 경험해본다는 것은 한편으로 행운이며, 사랑으로 인한 상처를 극복해 냈을 때는 더 큰 사랑을 품을 수 있습니다. 사랑 또한 하나의 배움이며 자신을 알 수 있는 가장 매혹적인 기회입니다.

4장

나에게 상처를 준
친구를 용서할 수 있을까?

《우아한 거짓말》(김려령 지음, 창비)

 《우아한 거짓말》은 어떤 내용일까?

3개월 후인 자신의 생일 선물을 미리 달라고 투정을 부리던 천지. 천지는 어머니에게 투정을 부린 그날 스스로 목숨을 끊었습니다. 천지에게 무슨 일이 있었던 걸까요?

몇 해를 같은 반 친구로 지내고 있는 천지와 화연이는 참 많이 다릅니다. 화연이는 키가 크고 까불까불하여 관심을 끌지만 천지는 키가 작고 단정하며 차분합니다. 교실에서 화연이는 아이들에게 관심을 받기 위해 크게 웃고 떠들지만 천지는 혼자 조용히 빨간색 털실로 뜨개질을 합니다. 그런데 화연이가 천지를 은근히 괴롭히기 시작합니다. 자신의 생일날 천지에게 주는 초대장에만 시간을 늦게 적어놔 남은 음식을 먹게 하는가 하면, 근거 없는 거짓말을 퍼뜨려 천지를 모함합니다.

천지가 화연이를 무작정 참아준 것만은 아닙니다. 국어 과제 발표시간에 천지는 '조잡한 말이 뭉쳐 사람을 죽일 수도 있습니다. 당신은 혹시 예비 살인자는 아닙니까?' 라는 발표를 통해 화연이에게 일종의 경고를 했습니다.

천지가 세상을 떠난 후 화연이는 애써 태연한 척했습니다. 그러나 천지 가족이 화연이가 사는 아파트로 이사를 오고, 천지의 언니 만지가 동생의 죽음을 조사하고 다니자 마음이 불편해졌습니다.

천지는 세상을 떠나기 전에 여러 사람들에게 쪽지를 써 털실뭉치에 숨겨두었습니다. 언니 만지에게는 자신을 잊지 말아달라고, 어머니에게는 먼저 가서 미안하다고 적어 놓았습니다. 화연이에게도 털실뭉치를 하나 남겨놓았습니다. 화연이에게는 어떤 말을 하고 싶었을까요?

인간은 혼자서 살 수 없습니다. 외톨이로 산다면 아무리 똑똑하고 대단한 부자여도 다 의미 없을지도 모르지요. 그래서 우리는 친구를 사귑니다. 그런데 여러분은 어떤 기준에서 친구를 사귀나요? 똑똑하고 멋지게 차려입고 인기가 많은 아이에게 호감이 가지만 그런 아이라고 꼭 최고의 친구가 되는 것은 아닐 거예요. 진짜 친구라면 누구보다도 내 속마음을 알아주어야 하겠지요? 필요할 때만 연락하고 그렇지 않을 때는 소홀하게 대하는 사람을 친구라고 하기는 어렵습니다. 머릿속에서 계산하듯이 이익 관계가 분명할 때만 친한 것도 문제입니다. 그것은 친구를 인간으로서가 아니라 사물로 대하는 것과 다름없습니다. 위로의 말이 필요할 때 눈길도 주지 않는다면, 말을 해도 귀 기울이지도 않는다면 그것은 이미 친구 사이라 할 수 없을 거예요. 그러한 사이는 인간 대 인간의 관계가 아니라 그냥 사물을 대하듯 '그것'으로 여기는 관계이니까요.

몇 해를 같은 반 친구로 지냈으면서도 친구의 마음을 아프게 하는 관계가 《우아한 거짓말》에 나옵니다. 천지와 화연이가 그렇습니다. 화연이와 천지는 참 많이 다릅니다. 화연이가 키가 크고 까불까불하여 관심을 끌지만 천지는 키가 작고 단정하며 차분합니다. 교실에서 화연이는 아이들에게 관심받기 위해 크게 웃고 떠들지만 천지는 혼자 조용히 빨간색 털실로 뜨개질을 합니다. 그런데 화연이가 천지를 은근히 괴롭힙니다. 천지는 화연이가 자신을 괴롭히는 것을 알고 있었지만 그냥 내버려두었습니다. 화연이는 천지를 친구 삼기에는 싫고 버리기에는 아깝다고 생각했습니다. 화연이는 천지가 상위권의 성적을 유지하는 것에 질투가 났고, 외동인 자신과 달리 천지에게는 언니 만지가 있다는 것이 부러웠습니다.

천지가 화연이를 무작정 참아준 것만은 아닙니다. 국어 과제를 제출할 때 천지는 '조잡한 말이 뭉쳐 사람을 죽일 수도 있습니다. 당신은 혹시 예비 살인자는 아닙니까?'라는 글을 발표하며 일종의 경고를 했습니다. 반 아이들은 그 '예비 살인자'가 화연이를 두고 한 말이라는 것을 알았습니다. 그래서 화연이는 반 아이들을 의식해 천지에게 절친 각서를 제안하며 기념으로 서로 선물 교환을 하자고 합니다. 이런 화연이와 천지는 정말 친구가 맞을까요?

1 우리는 무엇에 끌려 친구가 될까?

우리는 과연 친구의 무엇에 끌려 친한 사이가 될까요? 그냥 같은 반이어서, 같은 동네에 살아서 저절로 친구가 되는 건 아니지요. 또 모든 친구가 똑같은 관심사를 두고 만나는 것도 아니고요. 고대 그리스의 철학자 아리스토텔레스는 《니코마코스 윤리학》에서 세 가지 유형의 우정에 대해 말하고 있어요. 첫째는 상대방의 유용성 때문에 친하게 지내는 경우입니다. 내가 필요로 하는 것을 해주기 때문에 친하다면 이 경우에 해당해요. 이때는 상대 자체가 좋아서가 아니라 그 상대와 친구가 되는 것이 이익이 되고 유용하기 때문에 우정을 맺는 것입니다. 둘째는 즐겁기 때문에 누군가와 친하게 지내는 것입니다. 예를 들어 그 아이가 예쁘고 멋지게 옷을 차려 입고 유쾌한 이야기를 잘해서 함께 있는 것이 즐겁기 때문에 친구가 되는 것이지요. 그런데 이 두 경우는 모두 지속적이지는 않습니다. 도움이 많이 되던 친구가 더 이상 도움을 줄 수 없는 형편이 되거나 예쁘고 멋진 친구가 사고로 흉측해진 모습이 되어 함께 있는 것이 더 이상 유쾌하지 않다면 이들과의 우정도 사라지겠지요.

아리스토텔레스도 이 두 경우는 모두 진정한 우정이 아니라고 보았습니다. 그는 진정한 우정으로 세 번째의 경우를 제시하는데, 이는 누군가가 얼마나 큰 이득이 되고 얼마나 큰 즐거움을 주는지와 상관없이 그 사람이 지닌 좋은 성품 때문에 친구가 되는 것입니다. 아리스토텔레스가 말하는 완전한 우정은 서로 좋은 사람들 사이에서 이루어지는 것으로, 좋은 사람들이 서로에게 똑같이 좋은 일이 있기를 바라는 것입니다. 그런데 이러한 우정이 흔하지는 않습니다. 성품이

철학
Talk
Talk

아리스토텔레스(Aristoteles, B.C.384-B.C.322)

마케도니아에서 태어난 아리스토텔레스는 8살 때 아테네에 있는 플라톤이 세운 학교, 아카데미아에 입학하여 플라톤이 죽기까지 19년 동안 공부하며 당시 최고의 교육을 받았다. 아리스토텔레스는 아버지가 마케도니아 통치자의 친구이자 주치의였던 덕분에 알렉산더 대왕의 스승이 되었고, 알렉산더 대왕이 소아시아 원정을 가 있는 동안 대리 통치자와도 깊은 친분을 맺어 그리스에서 막강한 인물이 되었다. 아리스토텔레스는 훗날 아테네 외곽에 자신의 학교를 세워 오전에는 제자들과 회랑과 숲을 거닐며 난해한 철학적 문제들을 토론하고, 오후에는 어렵지 않은 문제들을 많은 사람들 앞에서 강의했다. 알렉산더 대왕이 죽자 아테네에 마케도니아에 대한 반감이 퍼지면서 아리스토텔레스는 터무니없는 불경죄 혐의를 받게 된다. 그러나 그는 소크라테스의 죽음을 의식하고, 아테네가 '철학에 두 번 죄를 짓지 않을 것'을 결심한 후 학교를 남기고 망명하였다.

2부 다른 이에게 다가가고 싶은 너에게

좋기도 흔치 않고, 오랜 시간을 통해 서로 친해야만 그러한 관계가 가능해지기 때문입니다. 친해지고 싶은 마음은 금방 생길 수 있지만 진정한 우정은 오랜 시간이 걸리기 마련입니다.

화연이는 과연 무엇 때문에 천지를 친구로 삼았을까요? 천지는 화연이의 무엇 때문에 친구로 남았을까요? 화연이는 일하느라 바쁘신 부모님 대신 친구를 통해 외로움을 달래고 싶어 했습니다. 그래서 반 아이들에게 무엇이든 잘 사주고 크게 웃고 떠들어 주목받기를 원했던 것입니다. 화연이는 아이들 앞에서 천지를 은근히 무시하는 것을 즐겼는지도 모르겠습니다. 그렇게 남을 낮추어 말한다고 자기 자신이 높아지는 것이 아닌데도 말입니다. 화연이는 그렇게 깎아내리려 해도 꺾이지 않고 비굴하지 않은 천지가 한편으로 부러우면서 다른 한편으로 미웠을지도 모르겠습니다. 천지와 화연이가 좋은 우정을 가졌다고 말하기는 어려워 보입니다. 화연이는 천지를 무시하고 질투했지 천지의 마음을 존중하고 사랑해주지는 않았으니까요.

그렇다면 친구란 어떤 사이일까요? 마르틴 부버는 《나와 너》에서 우리가 다른 사람과 맺는 관계에 대해 말하고 있습니다. 부버가 중시하는 관계는 '나와 너'입니다. 그것은 인간 대 인간이 대화하는 방식으로 만나는 것입니다. 반면, 사물을 대하듯 소유하거나 이용하는 것은 '나와 그것'의 관계입니다. '나와 너'의 관계는 인격적 대화의 관계라서 상호적이지만 '나와 그것'의 관계는 비인격적인 비대화적 관계라서 일방적입니다. 비대화적 관계는 상대를 이용하려는 이해관계, 고용주와 피고용주와 같은 소유관계, 수단-목적의 관계 등에서 볼 수 있습니다. 사실 우리가 살아가는 세상에서는 '나와 그것'의 관계가 흔하고 '나와 너'의 관계는 드뭅니다. 부버가 애초에 '나와 너'의 관계를 생각해낸 것이 자신의 아내와의 관계에서 비롯된 것이듯 이 관계는 사랑과 신뢰를 바탕으로 하며 책임이 뒤따릅니다. '나와 너'의 관계에서 중요한 것은 '나'가 아닌 '너'입니다. '너' 없이 '나'는 존재할 수 없다고 보기 때문입니다. 부버는 모든 진실한 삶을 '나와 너'의 만남과 연관지어 생각합니다.

부버의 관점에서 화연이와 천지는 '나와 너'의 관계로 만나지 못했습니다. 화연이는 천지를 마치 사물처럼 '그것'으로 대했습니다. 화연이에게 천지는 "남 주자니 싫고 가지자니 더 싫은" 그런 친구였다고 합니다. 사람은 소유하는 사물과 같은 대상이 아닌데 말입니다. 천지가 죽었다고 했을 때 화연이는 쌓인 트림이 한꺼번에 나온 것처럼 시원했다고 합니다. 지난 3년간 자신이 천지에게 못되게 군 행동들을 데이터처럼 천지 몸에 저장하고 있는 것이 불편했기 때문입니다. 죽기 바로 전에 절친 각서까지 쓰자고 했던 친구가 죽었는데도 슬프지 않았다는 것은 화연이가 천지를 한 번도 친구로, 인격적으로 대하지 않았다는 증거입니다.

2 나쁜 거짓말, 착한 거짓말, 우아한 거짓말

화연이의 가장 큰 문제는 선입견을 불러일으키는 사소한 거짓말을 하는 것입니다. 천지에 대한 선입견을 불러일으키는 거짓말을 퍼뜨려 천지 마음을 아프게 했으니까요. 천지에 대한 선입견을 만든 말은 "그렇게 이상한 애는 아니야"였습니다. 그러면서 화연이는 천지를 동정하는 척, 우아한 척 말함으로써 우쭐해지는 재미를 즐겼고, '이상한 애'라는 말을 자주 사용함으로써 천지를 끝내 이상한 애로 몰아붙였습니다. 그냥 이상한 애라고만 하기에는 근거가 빈약하여 천지가 아버지가 없다는 것에 대해서까지 말을 덧붙여 소문을 냈습니다.

화연이가 퍼뜨린 천지에 대한 선입견이 반 아이들에게 먹혔던 것은 왜일까요? 천지는 전학생이었고, 조용한 아이였기 때문에 화연이가 작정하고 천지에 대한 선입견을 떠들고 다니면 대책이 없었습니다. 대부분의 선입견은 약한 사람을 상대로 더 많이 만들어지게 마련입니다. 자동차 운전이 서툰 것을 보면 운전자가 여자일 것이라고 지레 짐작합니다. 사실 남자들 중에도 초보 운전자가 있고, 능숙한 여자 운전자도 있는데 말입니다. 흔히 여자는 어떻다, 남자는 어떻다 하는 선입견이 있습니다. 크지도 않은 대한민국 안에서 지역에 대한 선입견도 여러 개 있습니다. 그런데 과연 그 선입견 중 사실인 것은 얼마나 될까요? 데이비드 베레비는 《우리와 그들, 무리 짓기에 대한 착각》에서 '고리 효과'에 대해 설명합니다. 특징을 엮을 '고리'가 생기면 성급하게 묶어버린다는 것이지요. 데이비드 베레비는 우리에게 그런 오류에 빠지는 것을 주의하라고 말해줍니다.

화연이는 자신의 거짓말이 사소해서 문제가 되지 않는다고 생각했습니다. 과연 그럴까요? 거짓말은 결코 좋은 것이 아닙니다. 누군가 내게 한 말이 거짓말이라는 것을 알게 되면 설령 그 말이 나에게 아무런 해가 되지 않는다고 해도 기분이 좋지 않습니다. 더구나 어떤 이익을 노리고 누군가에게 해가 되는 거짓말을 했다면 그것은 도덕적으로뿐만 아니라 법적으로도 용인할 수 없습니다. 그러나 살면서 한 번도 거짓말하지 않기란 불가능합니다. 선의로 하는 거짓말도 있고 선의나 악의와 상관없이 상황에 맞게 거짓말을 하는 것이 더 편리할 때도 있습니다.

철학에서 거짓말에 대한 입장은 크게 두 가지입니다. 어떤 거짓말이라도 도덕적으로 허용할 수 없다는 입장과, 거짓말 자체가 비도덕적인 것은 아니며 다만 누구를 해치는 목적으로 하는 거짓말만 하지 않으면 된다는 입장입니다. 전자를 대표하는 철학자는 칸트이고, 후자를 대표하는 철학자는 볼프입니다. 칸트의 입장에서는 거짓말을 허용하는 예외는 일체 없습니다. 예컨대 경찰이 내 형제의 은신처를 말하라고 할 때조차 알면서 모른다고 거짓말해서는 안 되고 아는 대로 은신처를 말해야 합니다. 칸트는 불가피한 상황에서도 진실을 말하는 것이 의무라고 했습니다. 만약 그렇지 않다면, 진실한 이야기를 하지 않는다는 것으로부터 더 큰 손해가 발생할 수 있다고 합니다. 거짓말이란 인류 전체를 상대로 저지르는 부정이기 때문입니다.

반면 볼프의 입장에서는 진실하지 못한 말 중에서도 다른 사람에게 손해를 끼치는 경우에만 거짓말이고, 아무에게도 해를 끼치지 않을 뿐만 아니라 오히려 도움이 되는 것은 거짓말이 아니라고 합니다. 우리가 어떤 이익을 추구할 때, 남에게 피해를 끼치지 않는다면 거짓말을 해서라도 그것을 달성할 수 있다는 입장입니다. 진실하지 못한 말이라고 모두 다 금지해야 하는 것이 아니라, 허용되는 상황도 있다는 것을 일깨워줍니다.

이 소설에서 화연이는 천지에 대한 선입견을 불러일으키는 거짓말을 했습니다. 그것도 아주 우아하게 말이지요. 화연이의 거짓말은 도덕적으로 허용할 수 없는, 남에게 해가 되는 거짓말입니다. 그런데 왜 화연이는 그런 사소한 거짓말을 즐겼을까요? 어쩌면 화연이는 천지를 얕잡아 보도록 소문을 퍼뜨리면 상대적으로 자신이 더 돋보인다고 생각했을지도 모르겠습니다. 그러나 만약 화연이가 좀 더 깊이 생각하고 자신이 하는 거짓말이 자신에게 얼마나 큰 해가 되어 돌아올지를 알았다면 그처럼 거짓말을 할 수 없었을 것 같습니다. 화연이는 자신의 거짓말 때문에 천지를 우울하게 만들었고, 천지가 스스로 세상을 떠나게 만든 셈이니까요. 천지가 이 세상을 떠나버린 이후 화연이는 애써 태연한 척했지만 천지 가족이 같은 아파트로 이사 오고 만지가 천지의 죽음에 대해 조사를 하고 다니자 마음이 불편해졌습니다. 화연이를 따라 천지를 함께 무시했던 반 아이들도 천지가 떠나자 화연이를 경계하고 멀리했기 때문에 결국 외톨이가 되고 말았습니다. 그래서 화연이는 학교 가는 것도 싫고 집도 싫어지고 사는 것도 싫어졌습니다. 천지가 떠나고 천지가 그리워진 화연이는 천지만큼 진실한 아이가 없었다는 것을 깨닫고 슬퍼했습니다. 이처럼 남에게 해를 끼치는 거짓말은 아무리 우아하더라도 거짓말을 한 당사자에게도 결코 득이 되지 못합니다.

3 **어떻게 하면 용서할 수 있을까?**

　　화연이가 천지를 괴롭힌 것은 분명합니다. 물론 화연이가 천지의 죽음을 바라고 저지른 행동은 아니기 때문에 천지의 죽음에 법적으로 책임질 일을 한 것은 아닙니다. 그러나 화연이가 천지의 비극적 죽음을 간접적으로나마 불러왔다는 점에서 반 친구들은 화연이와 놀아주지 않는 것으로 일종의 벌을 내렸습니다. 그렇다면 여러분이 천지 자신이거나 가족이라면 이런 화연이를 어떻게 대할까요? 화연이가 외톨이가 된 후 충분히 괴롭고 힘들어하고 반성하고 있다면 화연이를 다시 받아줄 수 있을까요? 이제 우리는 용서라는 문제에 대해 생각해볼 만합니다.

　　천지는 떠나기 전에 여러 사람들에게 쪽지를 써두었습니다. 그중에는 당연히 화연이에게 보낸 쪽지도 있습니다. 나중에야 발견되었지만 그 쪽지에는 화연이를 용서한다고 적혀 있었습니다. 그리고 힘들어하지 않기를 바란다는 말이 있었습니다. 그런데 과연 이 말이 진심일까요? 화연이가 자신의 잘못을 반성한 기색도 없었고, 사과 한번 하지 않는데 천지가 화연이를 용서한다는 말이 어떻게 가능할까요? 사과하지 않은 사람에게 용서한다고 말한 셈인데, 그것은 용서가 아니라 체념이 아닐까요? 어쩌면 천지는 화연이를 용서한 것이 아니라 그와 정반대로 복수한 것인지도 모르겠습니다. 천지가 화연이를 은연중에 '예비 살인자'로 암시했었는데 나중에 진짜 스스로 목숨을 끊음으로써 그 예고를 사실로 보여주었으니 천지는 화연이에게 가장 극단적인 복수를 행한 것은 아닐까요? 그러나 다르게 생각해보면, 천

　　　　　　　　2부 다른 이에게 다가가고 싶은 너에게

지가 화연이를 진심으로 용서했는지도 모릅니다. 분명 화연이 때문에 괴로웠음에도 불구하고 마지막으로 화연이에게 힘들어하지 말라고 당부했으니 말입니다. 이 말은 다른 해석의 여지 없이 순수한 호의라고 생각합니다. 천지는 자신이 힘들어 하는 이유를 화연이 탓으로 돌리지 않았습니다.

어째서 천지는 이 세상을 떠나는 순간까지 화연이에게 좋은 말을 남겼을까요? 천지 자신이 억울하고 분한 상태에서 복수하고자 했던 것이 아니라 모든 부담스러운 것으로부터 스스로를 놓아주고 싶어 했기 때문이라고 짐작할 수 있습니다. 여기서 우리는 잘못을 저지른 사람이 진심으로 반성하지 않은 상황에서 피해자 혼자 스스로 하는 용서가 의미 있는 것인지가 궁금해집니다. 뿐만 아니라 용서에 대한 기준이라는 것이 있을지 궁금합니다. 아무리 상대가 반성하고 죄의 대가를 충분히 치른다 해도 피해자가 내키지 않는다면 용서는 불가능합니다. 용서를 하고 안 하고로 사람을 판단하기도 어렵습니다. 누군가를 용서하지 못한다고 해서 그 사람을 도덕적이지 않다고 비난할 수는 없으니까요. 용서를 하고 안 하고는 개인이 선택할 문제입니다. 단지 용서를 하면 마음이 편안하고 그렇지 못하면 스스로 분노를 안고 사는 만큼 편하지 못할 것입니다.

천지에 비해 천지 엄마는 화연이를 용서할 마음이 전혀 없습니다. 천지 엄마는 딸을 잃은 슬픔과 상처를 평생 안고 살아가게 될 것입니다. 그래서 천지 엄마는 일부러 화연이가 살고 있는 아파트로 이사를 했습니다. 화연이가 천지에 대해 저지른 잘못을 잊지 않기를 원했기 때문입니다. 천지 엄마에게 그것은 화연이를 향한 일종의 복수이자 벌인 셈입니다.

반면 만지는 천지가 왜 스스로 이 세상을 떠났는지 그 이유를 추적해내고 화연이가 어떤 아이인지 실체를 밝혀냅니다. 그리고는 화연이를 벌하는 대신 손을 내밀어 잡아주고 천지처럼 되지 않도록 끝까지 지키겠다고 말합니다. 화연이마저 목숨을 끊어 사람들이 '천지 때문에' 죽었다는 소리를 듣고 싶지 않아서라고 말하지만 그것은 마음 깊은 곳에서 화연이를 용서하지 않고는 할 수 없는 행동입니다. 화연이가 천지 일로 스스로 괴로워하고 후회하고 있다는 사실을 확인했기 때문에 베풀 수 있는 관용인지도 모르겠습니다. 화연이가 이전과 다름없이 반 아이들과 웃고 떠들며 잘 어울렸다면 아마 만지도 화연이에게 용서의 손을 내밀지 않았을 것 같습니다. 화연이가 외톨이가 되어 우울해하는 것을 보고 동생 천지의 아픔을 떠올리며 공감했기 때문에 화연이를 용서할 수 있게 된 것이 아닌가 싶습니다. 그리고 그 용서로 인해 화연이는 이전과 다른 사람이 될 가능성이 열렸을지도 모릅니다.

자신이나 가족에게 해를 끼친 사람을 용서한다는 것은 쉬운 일이 아닙니다. 특히 오늘날은 용서하는 것이 보기 드문 현상이 되었습니다. 분노하는 사람은 많은데 용서하자는 사람은 거의 없습니다. 어떤 면에서 용서는 현대인이 상실한 보물일지도 모릅니다. 개인의 권리를 강조하는 사회가 되다 보니 피해를 보면 어떻게든 제대로 보상받는 데만 신경 쓰기 때문입니다. 정당한 보상을 받는 것이 정의라고 생각한 나머지 용서는 관심 밖으로 밀려나 있습니다.

그러나 인간은 보상받는 데서가 아니라 용서하는 데서 그의 비범함이 드러나는 것이 아닐까요? 견디기 어려운 상처를 입고도 누군가를 용서한다는 것은 나와 나에게 해를 끼친 사람의 경계를 허무는 것입니다. 용서를 통해 나에게 잘못한 사람까지도 이해하고 그 사람의 잘못까지도 감싸 안는다는 것은 나 자신에 대한 사랑을 뛰어넘어 인간 전체에 대한 사랑이 없이는 불가능합니다. 모든 인간이 이러한 태도로 살아갈 수는 없지만, 누군가가 그럴 수 있다는 것은 인간의 존엄한 경지를 보여줍니다. 사실 용서하기 위해서는 많은 용기가 필요합니다. 용서를 쉽게 하면 남들에게 자신을 다루기 쉬운 사람으로 보이게 할 수 있습니다. 그런데 그런 오해를 받을 수 있음에도 불구하고 용서할 용기를 내면 스스로가 더 강해집니다. 심리학의 여러 연구들을 살펴봐도 용서하는 것이 용서하지 않는 것보다 건강에 더 좋다는 것을 알 수 있습니다. 자신에게 상처 준 사람을 용서하지 못하면 신경호르몬의 분비가 높아지고 심장에 스트레스가 되어 심장마비에 걸릴 확률이 높아지고 기억력에 안 좋은 영향을 준다고 합니다.

용서하기 위해서는 용기뿐만 아니라 꾸준한 훈련도 필요합니다. 용서가 한 번에 일어나고 끝나는 것이 아니기 때문입니다. 철학자 키에르케고르는 다른 사람을 용서하기 위해서는 자기 자신을 미워하거나 비하하지 않아야 한다고 조언합니다. 자기를 먼저 용서하고 자신에게 상처를 준 사람에게 동정과 공감을 할 수 있을 때 비로소 진정한 용서가 가능하다고 합니다. 그렇게 되면 상대방과 화해하게 되고 이전과 다른 새로운 관계로 다시 만나게 된다고 합니다. 그래서 키에르케고르는 용서야말로 하늘의 선물이라고 했습니다.

만지는 동생을 죽음으로 몰고 간 화연이를 용서했습니다. 이 용서에 화연이가 어떻게 답할지 우리는 아직 모릅니다. 적어도 만지는 복수하기 위해서 혹은 화연이를 이용하거나 수단으로 보아서 용서한 것이 아닙니다. 만지는 '나-그것'의 관계에서가 아니라 '나-너'의 관계에서, 화연이와 대화하고 화연이를 인격적으로 돕기 위해서 용서합니다. 화연이는 천지를 '나-그것'의 관계로만 대했지만 만지는 화연이를 '나-너'의 관계로 대하는 것입니다. 만약 만지가 복수를 위해 화연이를 '나-그것'의 관계로 대한다면 두 사람 모두에게 더 이상 나아질 것이 없습니다. 그러나 용서를 통해 '나와 너'로 만나고 서로 인격적 대화를 시작한다면 누군가는 더 나은 인간으로 변할 수 있고, 누군가는 인간에 대한 사랑을 회복할 수 있고, 누군가는 생명을 구할 수 있습니다.

우리는 왜 친구가 필요할까?

《아리스토텔레스》

아리스토텔레스는 《윤리학》에서 '우정'보다 넓은 의미의 '친애'를 설명합니다. 아리스토텔레스는 사랑받음보다 사랑함이 친애의 본질을 이룬다고 말합니다. 우리는 우리 자신의 행복에 이르는 수단으로서가 아니라, 친구를 위해 친구가 잘되기를 바랍니다. 그가 언급하는 친애의 다양한 형태들은 모두 사람들이 갖는 본질적으로 사회적인 본성을 예시하는 것들입니다. 가장 낮은 수준에서 사람은 '유용성의 친애'를 필요로 합니다. 왜냐하면 경제적으로 자급자족이 안 되기 때문입니다. 이보다 높은 수준에서 사람은 '즐거움의 친애'를 품습니다. 친구들과 교제하면서 자연스럽게 기쁨을 얻습니다. 좀 더 높은 수준에서 사람은 '훌륭함의 친애'를 품습니다. 친구가 최선의 삶을 살도록 돕습니다.

아리스토텔레스는 친애를 다루는 근거로 두 가지를 듭니다. 친애는 일종의 탁월성이거나 탁월성과 더불어 있습니다. 그리고 그것은 삶에 가장 필요합니다. 《윤리학》에서 친구들은 행복을 위해 갖춰야 할 중요한 부분으로 포함되어 있습니다. 여기서 친구들이 필요하다는 점이 여러 가지 관점에서 서술됩니다. 어떻게 우리는 그들의 도움 없이 번영을 확보할 수 있을까요? 어떻게 우리는 그들 없이 번영을 누릴 수 있을까요? 우리가 젊었을 때에는 친구들의 조언이 필요하고, 늙었을 때에는 그들의 돌봄이 필요합니다. 우리가 혈기왕성할 때 그들은 우리에게 고귀한 행동들을 할 기회를 주고, 우리가 효과적으로 생각하도록 도와줍니다.

–W.D. 로스, 《아리스토텔레스》, 세창출판사, 2016, 386–388쪽에서 발췌하여 재구성

5장

어떻게 사랑해야
후회가 없을까?

《잘못은 우리 별에 있어》(존 그린 지음, 김지원 옮김, 북폴리오)

 《잘못은 우리 별에 있어》는 어떤 내용일까?

헤이즐과 어거스터스는 막 사랑에 눈뜰 시기의 십대입니다.

하지만 이들이 한 가지 남들과 다른 점은 바로 암환자라는 사실입니다. 열세 살에 갑상선암 말기 판정을 받고 기적적으로 살아난 헤이즐은 호흡 보조 기구를 차고 다녀야만 숨을 쉴 수 있는 열일곱 소녀입니다. 헤이즐은 하루의 대부분을 집 안에서 보내며 죽음에 관해 생각하며 보내곤 합니다. 그녀가 우울증에 걸린 것은 아닐까 걱정한 헤이즐의 엄마는 그녀를 수요일에 한 번씩 열리는 암환자 관련 모임에 보냅니다.

헤이즐은 그곳에서 어거스터스를 만났습니다. 어거스터스는 악성 종양이 생긴 한쪽 다리를 잘라내고 건강을 회복한 소년입니다. 그는 2주 후면 눈에 생긴 종양 때문에 시각 장애인이 될 친구 아이작을 응원하기 위해 모임에 들렀습니다. 어거스터스는 모임 내내 헤이즐에게 눈을 떼지 않았고, 둘은 모임이 끝난 후 밖에서 대화를 나누며 서로에게 호감을 느낍니다.

서로에 대해 더 알고 싶은 헤이즐과 어거스터스는 각자 좋아하는 책을 추천하고 그 책을 다 읽은 후에 연락하기로 합니다. 어거스터스는 잔혹한 게임을 소설화한 《새벽의 대가》를, 헤이즐은 자신과 비슷하게 암에 걸린 사춘기 소녀 '안나'가 주인공으로 등장하는 《장엄의 고뇌》를 추천합니다.

어거스터스는 《장엄의 고뇌》의 결말 이후를 궁금해하는 헤이즐을 위해 같이 네덜란드로 가서 소설의 작가를 직접 만납니다. 그들은 비록 원하는 바는 이루지 못했지만 네덜란드 여행을 통해 서로의 사랑을 확인합니다. 행복한 시간을 보낸 다음 날, 어거스터스는 자신의 몸에서 다시 암이 발견됐으며, 이번에는 온몸에 전이되어 손쓸 수 없는 상태라고 헤이즐에게 고백합니다.

사랑하는 사람을 만날 수 있다는 것은 행운입니다. 내가 사랑하는 사람이 나만큼 나를 사랑해준다면 더욱 큰 행운이지요. 그런 행운을 누리며 마음껏 사랑할 수 있는 관계가 되어도 문제는 있습니다. 사랑은 어떻게 하는지 배워본 적도 시험을 본 적도 없기 때문입니다. 사랑은 어떻게 하는 걸까요? 어떻게 사랑해야 후회가 없을까요? 아직 연애 경험이 충분하지 않은 사랑의 초보자라면 우선 사랑하는 방법에 대해 하나씩 배워나가야 합니다.

《잘못은 우리 별에 있어》에서 어거스터스는 모임에 참석했다가 가장 두려워하는 것이 무엇이냐는 리더의 질문에 사람들 기억에서 잊히는 것이라고 대답합니다. 그런데 그의 말을 듣고 헤이즐은 자신이 늘 반복해서 읽는 책을 인용하면서 이 세상은 결국 무無로 돌아가는 날이 올 수밖에 없으니 잊히는 것에 신경 쓰지 말라고 어거스터스에 조언합니다. 이를 계기로 두 사람은 서로 특별한 사이가 됩니다. 물론 헤이즐만 어거스터스가 멋있다고 생각한 건 아닙니다. 모임이 끝나고 헤이즐이 어거스터스에게 자신을 계속 바라보는 이유를 묻자, 얼마 전부터 삶의 단순한 기쁨을 부정하지 않겠다고 결심해서 예쁜 사람들을 바라보는 취미를 갖기 시작했다고, 헤이즐이 예쁘니까 바라본다고 대답합니다. 이 둘의 관계는 이렇게 서로의 멋진 외모에 끌리면서 시작합니다. 여기서 하나의 질문이 생깁니다. 사랑하는 것과 외모가 좋은 것에 상관관계가 있을까요?

예쁘니까 사랑하는 걸까, 사랑하니까 예뻐 보이는 걸까

《잘못은 우리 별에 있어》의 주인공 헤이즐과 어거스터스가 실제로도 예쁘고 멋있는지는 잘 모르겠습니다. 소설 속에서는 그저 상대에 대한 자신들의 느낌으로만 그렇다고 말하고 있으니까요. 슈렉과 피오나 공주도 서로에게는 가장 멋지고 예쁜 사람입니다. 제 눈에 안경이라는 말이 있듯이 말입니다. 이 문제를 더 탐구하기 위해 스탕달의 《연애론》의 도움을 받아야겠습니다. 스탕달은 1783년 프랑스에서 태어나 나폴레옹 시절 군인이었고 루이 필립 왕정 시절에는 외교관이었는데 그의 최대 관심사는 연애였습니다. 그는 명예, 재산, 쾌락보다도 사랑이 가장 최고라고 생각했습니다. 그런 생각은 그 자신의 강렬한 연애에서 비롯된 것입니다. 그는 1818년 밀라노 사교계에서 만난 장군의 아내인 마틸드와 20년간 사랑과 실연을 거듭하며 누구보다도 사랑에 대해 깊이 탐구했습니다. 둘은 서로를 몹시 사랑했지만 결국은 헤어질 수밖에 없었습니다. 그로 인해 스탕달은 사랑에 대한 단상을 쓰게 됐고 《연애론》을 탄생시킵니다.

《연애론》에 의하면 외모는 남자와 여자가 연애를 시작하는 데 최초의 방해가 되는 것은 사실이지만 일단 연애가 시작되면 남들이 뭐라 해도 자신이 사랑하는 사람이 최고로 예뻐 보이기 때문에 크게 영향을 미치지 않는 것이라고 합니다. 사랑이 싹트기 전까지는 상대의 멋지고 예쁜 외모가 사랑을 부르는 역할은 하지만 그것이 전부는 아니고 서로에게 기쁨을 주는 능력에 따라 상대를 자신의 기준으로 평가하게 된다는 것입니다. 그래서 객관적인 외모보다는 각자에게 기

　　　　　　　　　　2부 다른 이에게 다가가고 싶은 너에게

뺨을 주는 것이 무엇인지 정확히 파악하는 것이 중요합니다. 사람에 따라 육체적 쾌락을 원하기도 하고, 자신의 열정을 쏟아 붓는 것을 원하기도 하며, 지적인 대화를 나누는 기쁨을 원하기도 합니다. 그리고 자신이 원하는 바에 맞는 대상이 가장 예뻐 보이는 것이지요. 다시 말해 외모에 대한 주관적 평가는 그 사람이 상대에게 품었던 특정한 기대에 부응하느냐 아니냐에 달린 것입니다. 스탕달은 이를 객관적인 외모와 구분하여 '심리적인 외모'라고 부릅니다. 따라서 외모와 사랑 사이에는 그렇게 큰 관련이 없다고 말할 수 있습니다. 그래서 예쁘니까 사랑하는 것인지, 사랑하니까 예쁜 것인지 묻는다면 답은 후자에 더 가까울 것입니다.

2 영원히 사랑한다는 말, 믿어도 될까?

《잘못은 우리 별에 있어》에는 또 한 커플이 등장합니다. 아이작과 모니카입니다. 아이작은 눈에 생긴 악성 종양 때문에 곧 시각 장애인이 될 처지지만 모니카와 뜨거운 열애를 즐기는 중입니다. 이 두 사람은 수시로 '언제까지나'를 다짐하며 진한 키스와 애무를 하는 사이입니다. 이런 모습은 한창 연애하는 사이에서 흔히 볼 수 있지요. '우리의 사랑은 영원하다', '너는 내 운명이다', '우리는 변치 않을 것이다' 등의 말을 나누는 모습 말이지요. 그런데 아이작이 시력을 잃어도 이들이 정말 영원히 사랑한다는 말을 지킬 수 있을까요?

아이작이 눈 수술을 받기 얼마 전에 모니카가 갑자기 이별을 통고

합니다. 아이작이 모니카와 처음 사귀던 때부터 그가 눈에 종양이 있고, 상태가 좋지 않으면 수술을 받아 시각 장애인으로 살아야 한다는 것은 모니카도 알고 있습니다. 수술 일정이 정해진 이후에도 모니카는 '언제까지나'를 다짐하며 진한 키스로 사랑을 확인해주었고요. 그런데 왜 모니카는 갑자기 아이작에게 더 이상 사랑할 수 없다고 했을까요? 모니카가 지금까지 한 말들이 모두 거짓말이었을까요? 모니카는 스스로 거짓말인 줄 알고도 영원히 사랑한다고 말했을까요? 모니카는 아이작에게 눈이 안 보이는 남자를 차고 싶지 않기 때문에 수술 전에 결별을 알린다고 했습니다. 그리고 자신은 시각 장애인이 된 아이작을 감당할 수 없을 것 같아서 떠난다고 했습니다. 그런 말을 모니카로부터 듣는 동안에도 아이작은 "언제까지나, 언제까지나, 언제까지나"를 계속 외쳤는데도 말이지요. 아이작에게 "언제까지나"는 약속과 같은 것이었습니다. 그래서 아이작은 모니카가 그 약속을 깼다는 것에 큰 배신감을 느끼게 됩니다.

사실 사람들이 서로에게 약속하는 '영원히 사랑한다'라는 말이 얼마나 지켜질까요? 그 약속이 잘 지켜진다면 사람들은 모두 첫사랑과 평생을 살고 있을 거예요. 그러나 현실은 그렇지 않지요. 수많은 사람들이 영원히 사랑하겠다고 약속하지만 여러 사람과 만나고 헤어지고를 반복하며 살아가고 있습니다. 아이작을 위로하는 헤이즐의 말에 의하면 사람들이 약속하고 있을 때 자기가 약속하고 있다는 걸 이해하지 못하는 경우도 있다고 말입니다. 그러니까 모니카가 아이작에게 키스하며 "언제까지나"라고 했던 말은 약속이 아니었다는 말이지요. 모든 사람들이 자신이 한 약속을 다 지키는 것은 아닙니다. 약속을 얼마나 소중하게 여기는 사람이냐에 따라 달라지지요. 헤이즐의 말대로 약속에 대한 아이작과 모니카의 태도가 달랐던 것입니다.

스탕달은 《연애론》에서 사랑의 유형을 네 가지로 나눕니다. 첫째로 가장 대표적인 것은 정열적인 사랑입니다. 정열적인 사랑은 단 하나뿐인 목숨마저 하찮게 여기게 되는 것으로 마법과도 같습니다. 자신의 정열을 상대방을 향해 쏟아내는 데 큰 의미를 두는 사랑입니다. 이런 종류의 사랑에 빠지는 사람은 자신이 상대방을 왜 좋아하는지 잘 모르거나, 알더라도 별로 중요하게 여기지 않습니다. 단지 자신의 폭발적인 열정을 상대방에게 마구 쏟아 붓는 데에만 집중하는 유형이지요.

두 번째는 취미로 하는 사랑입니다. 취미로 하는 사랑은 심각한 사태를 만들지 않고 가벼운 연애 감정만을 즐기는 것입니다. 이런 종류의 연애를 선호하는 사람들은 연애 중에 발생하는 갖가지 사태에 대처할 방법을 미리 잘 준비해둡니다. 그래서 정열이 지나쳐서 명예가 실추된다거나 생명이 위험에 처할 상황은 발생하지 않지요. 그 점에서 때로는 열정적인 사랑보다 섬세하고 세련되어 보이기도 합니다. 이러한 연애를 하고 있으면 심각한 관계에 빠지지 않기 때문에 괴로운 순간이나 불쾌한 감정이 들지 않습니다.

세 번째는 육체적인 사랑입니다. 본능에 충실하여 연애가 주는 쾌락에 집중하는 것입니다. 도발적이고 은밀한 쾌락에 근거를 둔 연애로, 상대에게 가까이 다가가고 싶고 만지고 싶은 사랑이 이에 속합니다.

네 번째는 과시적인 사랑입니다. 뽐내기 위해 멋진 옷이나 가방을 갖고 싶어 하는 그런 기분으로 인기 있는 상대를 손에 넣고 싶어 하는 마음입니다. 이런 연애는 상대에 집중하기보다 다른 사람이 자신을 부러워하는가에 더 관심이 있습니다. 이런 유형의 사람이 상대방에게 실연을 당하게 되면 자존심이 너무 상해서 죽고 싶어질 정도가 됩니다. 자신에게 매우 소중한 허영심에 상처가 되기 때문입니다. 그런 경우 이런 유형의 사람들은 자신이 비극의 주인공이라도 된 듯 낭만적 아픔에 젖습니다. 허영에 빠진 사람들은 실연의 감정조차 격렬한 정열이라고 믿고 싶어 하기 때문입니다. 스탕달의 네 가지 유형 중에 자신은 어떤 유형의 사랑을 하고 싶은지, 어떤 유형으로 사랑해야 더 행복한지 생각해보는 것도 흥미롭겠습니다.

3 사랑에도 기술이 있을까?

사랑이 단지 "언제까지나 널 사랑해"라는 말로 하는 것이 아니라는 것은 아이작-모니카 커플 사례에서 알 수 있습니다. 그렇다면 진짜 사랑, 어떻게 시작해야 할까요? 헤이즐과 어거스터스는 확실히 첫눈에 서로에 대한 호감을 갖게 된 커플입니다. 그러나 호감만으로는 사랑이 생겨나지 않지요. 최소한 상대에 대해 뭐라도 알아야 합니다. 우리 역시 누군가에게 마음이 끌리면 그가 어느 학교에 다니는지, 어떤 성격인지, 어디에 사는지, 어떻게 연락할 수 있는지를 제일 먼저 궁금해하잖아요.

이 둘은 자신이 좋아하는 영화와 책을 상대에게 말해주고 그것을 좋아해주기를 바라는 마음에서 데이트를 시작합니다. 물론 상대가 권하는 영화와 책은 서로에게 매우 낯선 것들입니다. 어거스터스는 피와 폭력이 난자한 게임을 소설화한 《새벽의 대가》를, 헤이즐은 제목만으로도 지나치게 심각한 《장엄한 고뇌》를 추천하며 그 책을 다 읽은 후에 연락하자고 합니다. 서로를 알아가고자 하는 이들의 노력은 매우 자연스러우면서도 건강한 모습입니다. 누가 누구를 사랑한다면서 그가 무엇에 감동하고, 무엇을 두려워하는지 알려고 하지 않는다면 그것은 사랑이 아닙니다. 이는 정신분석학자이자 사회학자인 에리히 프롬이 《사랑의 기술》에서 확실히 말해줍니다.

우선, 사랑이 기술이라는 말이 낯설지 않나요? 시계를 만드는 기술이 있는 것처럼 사랑도 기술이라고 주장하는 사람이 프롬입니다. 보통은 사랑을 기술이 아니라 감정의 문제라고 생각합니다. 가슴이 두근두근 뛰고 얼굴이 발개지고 하는 주체할 수 없는 감정으로 말이지요. 흔히 사랑에 빠졌다고 말하는 이런 종류의 사랑은 매우 수동적인 감정에 근거합니다. 자신의 의도와 상관없이 누군가에 의해 그렇게 이끌리는 것이니까요. 반면 프롬은 사랑을 능동적 활동으로 보았습니다. 지식을 통해 습득되는 기술이라는 것입니다. 그것은 더 잘 즐기기 위한 기술이 아니라 성숙한 사랑, 성숙한 삶을 목표로 하는 기술입니다. 프롬이 말하는 성숙한 사랑은 둘이 하나가 되면서도 여전히 둘인 상태로 남아 있는 것을 인정하는 사랑입니다.

프롬은 사람들이 사랑을 즐거운 감정이라고 생각하면서 사랑에 대

에리히 프롬(Erich Fromm, 1900-1980)

독일 프랑크푸르트의 유대계 가정에서 출생한 사회심리학자이자 정신분석학자
이다. 마르크스와 프로이트의 사상을 비판적으로 통합한 '분석적 사회심리학'
의 토대를 세웠다. 프롬은 인간의 자유가 위협받아 위기에 처하면, 타인에 대한
공격성을 보이거나 자신의 자유를 부정하는 권위주의에 빠지게 된다고 말한다.
이러한 위기를 벗어나고 행복해지기 위해서는, 자아를 실현하는 생산적인 활동과
타인의 성장을 바라는 인도주의적 관점을 유지해야 한다고 주장했다.

해 무엇인가를 배우고 익혀야 하는 것으로 보지 않는 이유를 세 가지
로 분석합니다. 첫 번째 이유는 사랑의 문제를 사랑할 줄 아는 능력
의 문제가 아니라 사랑받는 문제로 생각한다는 것입니다. 두 번째 이
유는 사랑의 문제를 사랑할 줄 아는 능력의 문제가 아니라 대상의 문
제로 생각하는 것입니다. 그리고 세 번째 이유는 사랑하게 되는 최초
의 경험과 사랑하고 있는 지속적인 상태를 혼동하는 것이라고 말합
니다.

사랑에 대해 잘못된 이 세 가지 생각을 더 살펴보기로 하지요. 첫
째, 사랑을 '하는 것'의 문제가 아니라 '받는 것'의 문제로 보면 '어떻
게 하면 예뻐 보일까', '어떻게 하면 멋있어 보일까'를 고민하며 자
기 자신을 꾸미는 것에만 관심을 갖게 됩니다. 어떻게 사랑받을까 하
는 고민은 자신이 어떻게 보이는지의 관심으로 몰아갈 뿐입니다. 둘
째, 사랑을 '능력의 문제'로 보지 않고 '대상의 문제'로 보면 자신이나
상대를 모두 교환가치를 지닌 대상으로 파악하고 시장에서 사고파는
물건처럼 교환 형식으로만 사랑을 보게 된다는 한계가 있습니다. 셋

째, 사랑을 하게 되는 최초의 경험과 사랑의 지속적 상태를 혼동하게 되면 최초의 떨림이 사라지는 시점에 상대에 대한 실망감과 권태로 더 이상 사랑하지 않는다고 생각하게 됩니다. 결국 오래 지속하기 힘든 사랑이 되고 말지요.

프롬은 이러한 혼동을 극복하고 사랑의 기술을 터득하려면 음악이나 그림, 의학이나 공학을 배우려고 할 때와 마찬가지로 단계적 과정을 거쳐 사랑의 기술을 훈련해야 한다고 주장합니다. 프롬은 사랑의 기술을 익히기 위해서는 우선 사랑에 대해 잘 알아야 하고, 사랑에 대해 알게 된 지식을 실천해야 하고, 자신의 관심사를 돈, 성공, 위신, 권력 등에 뺏기지 않으면서 사랑의 기술 습득에 전념해야 한다고 조언합니다.

그렇다면 사랑을 수동적 감정이 아니라 능동적 활동으로 전환하기 위해서는 무엇을 해야 할까요? 우선 사랑을 '받는 것'이 아닌 '주는 것'으로 보아야 합니다. 그래야 능동적인 활동이 될 테니까요. 사랑을 받는 것이 아니라 주는 것이라고 했을 때, 그것은 물질적 선물을 주는 것을 의미하지 않습니다. 선물을 많이 준다고 사랑하는 것은 아니겠지요. 사랑은 주는 것이라고 했을 때, 그 말은 인간적인 면에서 주는 것을 의미합니다. 우리는 우리 자신의 가장 소중한 것으로 생명을 줄 수 있습니다. 사랑하는 사람을 위해 죽으라는 말이 아닙니다. 자기 자신 속에 살아 있는 것, 그 자신의 기쁨, 자신의 관심, 자신의 열정과 같이 자신의 생동감을 줌으로써 사랑하는 사람을 풍요롭게 하고 생동감 있게 해줄 수 있습니다. 그렇게 되면 생기 가득한 삶을 함께 만들어갈 수 있게 됩니다.

그밖에도 상대를 보호하고 책임지겠다는 마음이 있어야 하고, 존경하는 마음이 있어야 하고, 그 사람에 대해 많이 알아야 합니다. 상대에 대해 전혀 모르면서 그 사람을 사랑할 수는 없습니다. 상대를 위해 아무것도 하지 않으면서 사랑한다고 말하는 것은 그저 자신이 만들어낸 감정에 빠진 것뿐이지 진짜 사랑한다고 할 수 없습니다. 사랑에 보호가 포함되어 있는 것은 당연합니다. 연인 중 한 사람이 우울하거나 실의에 빠져 있을 때 다른 한 사람이 상대의 그런 감정에서 벗어나도록 도와주는 것은 자연스럽습니다.

능동적 사랑에 존중의 요소가 있다는 것을 의외라고 생각할 수 있습니다. 사실 사랑하는 사이에 보호와 책임만 있다면 그것은 한 사람이 일방적으로 지배하고 소유하는 관계로 변질될 수 있습니다. 누군가가 내게 "너는 내가 뭐든지 다 해주고 보호해주고 책임질 테니 내가 시키는 대로만 해"라고 한다면 숨이 막힐지도 모릅니다. 능동적 사랑에서 중요한 요소로서 존중은 그러한 변질을 막을 수 있습니다. 존중(respect)이라는 말의 어원(respicere- 바라본다)에는 어떤 사람을 있는 그대로 보고 그의 독특한 개성을 아는 능력이 담겨 있습니다. 존경은 다른 사람이 그 나름대로 성장하고 발달하기를 바라는 관심입니다. 존경의 요소가 있는 한 착취의 가능성은 차단됩니다.

그런데 존중하기 위해서는 상대에 대해 잘 알아야 합니다. 그래서 존중 역시 지식과 연관됩니다. 상대에 대한 관심에서 그에 대해 알고 싶고 그의 개성을 있는 그대로 바라보면서 존중하게 되는 것이니까요. 무조건 맹목적으로 존중하는 것이 아니라 상대에 대해 충분히 잘 알게 된 이후에야 진심으로 존중할 수 있습니다. 그런데 이 지식은 그 사람이 뭘 입고 뭘 먹고 어디에 사는지 등의 단편적인 정보를 뜻하는 것이 아닙니다. 그보다는 더 내면적인 지식을 의미합니다.

헤이즐과 어거스터스가 바로 이러한 관계를 보여줍니다. 서로의 내면에 대해 알고자 하는 노력을 정말 열심히 하지요. 상대가 제일 좋아한다고 추천한 책이 자신의 취향에 맞지 않았지만 열심히 읽고 이해하려 노력합니다. 어거스터스와 헤이즐은 서로에 대해 끊임없이 관심 갖고 서로의 생각과 말을 잘 들어주고, 그에 대해 감탄하고 아플 때는 최선을 다해 지켜줍니다. 이런 모습이 바로 프롬이 말한 능동적 활동으로서의 사랑입니다.

📖 4 대체 뭐가 잘못된 걸까?

소설 속에서 헤이즐과 어거스터스의 사랑은 어떻게 끝날까요? 그들은 동화같은 모습을 보여주지는 않습니다. 그 둘이 멋진 결혼식을 올리며 행복하게 살았다는 내용은 없습니다. 더할 나위 없이 사랑하는 이들에게 인간의 노력으로는 어찌할 수 없는 죽음이 다가옵니다. 다리를 절단한 후 1년 반 동안 건강하게 지내온 어거스터스에게 갑자기 온몸이 암으로 퍼지는 불운이 따라붙습니다. 그러나 이 둘은 이러한 방해에도 불구하고 사랑하기를 포기하지 않습니다.

오히려 어거스터스와 헤이즐은 그들의 시간과 힘이 남아 있는 동안 서로를 위한 뭔가를 더 열정적으로 끊임없이 하면서 이별을 맞이합니다. 헤이즐은 어거스터스가 세상을 떠난 후에야 그가 죽기 전에 헤이즐에 대한 감정을 글로 남겼다는 것을 알게 됩니다. 그는 이 세상을 살면서 상처를 받지 않고 살기를 선택할 수는 없지만, 누구로부터 상처를 받을지는 선택할 수 있다고 하면서 헤이즐을 선택한 것이 좋았다고 합니다. 헤이즐 역시 자신을 선택한 것을 좋아했으면 좋겠다고 하면서 말이지요. 죽은 연인이 생의 마지막 순간에 자신에 대한 진심 어린 사랑을 고백하는 글을 읽는 기분은 어떨까요? 저는 헤이즐이 비극의 여주인공 같다고 느끼지 않았습니다. 헤이즐은 어거스터스와의 첫 만남에서 잊히는 것이 두렵다고 말한 어거스터스에게 언젠가 모든 것이 필연적으로 사라지는 날이 올 테니 망각을 그냥 받아들이라고 조언했습니다. 그런 헤이즐이라면 어거스터스가 죽었다고 해서 그에 대한 마음이 변할 것 같지 않습니다. 헤이즐이라면 살고 죽는 것, 또래의 누군가는 병에 걸리고 누군가는 뛰어놀 수 있는 것 등에 집착하며 원망하거나 안달하지 않을 것 같습니다. 그건 정말 이 책의 제목처럼 우리 별의 잘못일 뿐인 거죠.

사실 어떤 일의 결과는 우리의 바람이나 의지와 상관없이 일어납니다. 너무 당연한 말이지요? 우리가 태어나고 싶어서 태어난 것이 아닌 것처럼 말이에요. 그러면 이런 것들 틈에서 우리가 할 수 있는 최선은 무엇일까요? 그것은 분명 헤이즐과 어거스터스처럼 살아 있는 한 최선을 다해 적극적으로 사랑하고 자기 자신을 성숙시키는 것이 아닐까요? 헤이즐은 어거스터스를 만나 살아 있다는 것을 기뻐하며 그 둘이 키워낼 수 있는 새롭고 대범한 모험에 함께했습니다. 어차피 곧 죽을 아이라고 사랑하기를 멈춘 것이 아니라, 어떤 상황이 되어도 그를 보호하고 그를 지켜주겠다는 각오로 끝까지 함께 사랑했습니다. 저는 헤이즐이 어거스터스의 생전 장례식에서 "넌 나한테 한정된 나날 속에서 영원을 줬고, 난 거기에 대해 고맙게 생각해"라고 말했던 것이 기억에 남습니다. 얼마 동안 사랑했느냐가 아니라 짧은 순간이라도 영원에 가까운 사랑을 했다는 것이 중요하지요. 그렇다면 헤이즐은 비극의 주인공이 아니라 영원에 가까운 사랑의 주체로서 우뚝 선 주인이 됩니다.

우리가 하늘에서 바라보는 별 중에는 이미 사라진 별이 있다고 하지요? 죽은 별이라도 수백 광년의 여행을 거쳐 우리에게 오래도록 별빛으로 남아 있는 것처럼 헤이즐에게 어거스터스 역시 영원과도 같은 순간을 함께 나눈 덕분에 그녀의 마음속에 오래도록 빛나고 있을 것입니다.

더 읽어보기 사랑은 받는 것보다 주는 것이 더 행복하다

《사랑의 기술》

사랑은 수동적 감정이 아니라 활동입니다. 사랑은 '참여하는 것'이며 '빠지는 것'은 아닙니다. 가장 일반적인 방식으로는 사랑은 원래 '주는 것'이지 받는 것이 아니라고 말함으로써 사랑의 능동적 성격을 설명할 수 있습니다.

준다는 것은 무슨 뜻일까요? 가장 광범위하게 퍼져 있는 오해는 준다는 것은 무엇인가를 '포기하는 것', 빼앗기는 것, 희생하는 것이라는 생각입니다. 그 성격이 받아들이고 착취하고 혹은 저장하는 방향으로 나가는 단계를 넘어서지 못한 사람은 '준다'고 하는 행위를 이러한 방식으로 경험합니다. 시장형의 성격은 주려고 하지만 단지 받는 것과 교환으로 줄 뿐입니다. 그에게는 받는 것 없이 주기만 하는 것은 사기당하는 것입니다.

성격의 주요 방향이 비생산적인 사람들은 주는 것을 가난해지는 것으로 생각합니다. 그러므로 이러한 유형의 개인들은 대부분 주려고 하지 않습니다. 어떤 사람들은 희생이라는 의미에서 주는 것을 덕으로 삼습니다. 그들은 주는 것이 고통스럽다는 이유 때문에 주지 '않으면 안 된다'고 생각합니다. 그들에게 주어지는 덕은 희생을 감수한다는 행위에서만 성립됩니다.

생산적인 성격의 경우, 주는 것은 전혀 다른 의미를 갖습니다. 주는 것은 잠재적 능력의 최고의 표현입니다. 준다고 하는 행위 자체에서 나는 나의 힘, 나의 부, 나의 능력을 경험합니다. 고양된 생명력과 잠재력을 경험하고 나는 매우 큰 환희를 느낍니다. 나는 나 자신을 넘쳐흐르고 소비하고 생동하는 자로서, 따라서 즐거운 자로서 경험합니다. 주는 것은 박탈당하는 것이 아니라 준다고 하는 행위에는 나의 활동성이 표현되어 있기 때문에, 주는 것은 받는 것보다 더 즐겁습니다.

-에리히 프롬, 《사랑의 기술》, 문예출판사, 1994, 29-31쪽에서 발췌하여 재구성

6장

사랑이 끝나면
세상도 다 끝나는 걸까?

《젊은 베르테르의 슬픔》(요한 볼프강 폰 괴테 지음, 안장혁 옮김, 문학동네)

 《젊은 베르테르의 슬픔》은 어떤 내용일까?

베르테르는 열정적이며 순수하고 감성이 풍부한 젊은이입니다. 그는 무도회에서 아름답고 따뜻한 품성의 로테를 만나게 되었고 그녀를 사랑하게 됩니다. 로테 또한 다정다감한 베르테르의 모습에 친구로서 친밀감을 느끼고 둘은 서로의 집을 왕래할 정도로 친한 사이가 됩니다. 그러나 그녀는 평판 좋고 인품 좋은 알베르트와 이미 약혼한 사이였기 때문에 베르테르는 이룰 수 없는 사랑으로 고뇌하고 절망하게 되었습니다. 그는 자유롭고 활기찬 모습을 잃으며 점차 우울하고 불안한 성격으로 변해 갑니다. 베르테르는 로테를 잊고자 잠시 마을을 떠났지만 귀족 사회의 차별에 좌절만 느끼고 다시 마을로 돌아옵니다.

그사이 로테는 알베르트와 결혼을 했습니다. 로테는 남편 알베르트를 위해 베르테르와 거리를 두지만, 베르테르는 사랑의 열정을 못 이기고 로테 주위를 계속 맴돕니다. 결국 베르테르는 로테에게 구애를 하며 키스를 시도하고, 당황한 로테는 베르테르와의 절교를 선언합니다.

실의에 빠진 베르테르는 여행을 가기 위해 호신용으로 필요하다는 핑계를 대며 알베르트에게 권총을 빌립니다. 베르테르는 로테의 손으로부터 건네진 그 권총의 방아쇠를 당겨 목숨을 끊습니다.

사랑은 인생에서 가장 큰 축복이지만 때로는 사랑 때문에 괴롭고 사랑 때문에 무너지고 사랑 때문에 죽고 싶을 지경에 이르기도 합니다. 바로 괴테의 《젊은 베르테르의 슬픔》의 주인공이 그렇습니다. 베르테르는 열정적이며 순수하고 감성이 풍부한 젊은이였습니다. 여행 중에 아름답고 따뜻한 품성의 로테를 만나게 되었고 그녀에 대한 사랑에 푹 빠졌습니다. 그러나 그녀는 평판 좋고 인품 좋은 알베르트와 이미 약혼한 사이이기 때문에 베르테르는 이룰 수 없는 사랑으로 고뇌하고 절망하게 되었습니다. 베르테르는 자유롭고 활기찬 모습을 잃어갔고 점차 우울하고 불안한 성격으로 변했습니다. 그러나 베르테르는 로테에 대한 사랑을 멈출 수 없었습니다.

　이 소설을 둘러싼 논쟁 중 하나는 이성과 감성을 어떤 관계로 보느냐에 있습니다. 베르테르의 시점에서 편지를 쓰고 그에게 초점을 맞추고 있다는 점에서 이 작품은 이성에 대한 감성의 우위를 말하는 것처럼 보이지만 알베르트의 이성과 절제, 합리성 또한 존중하고 있는 점 또한 간과할 수 없습니다. 따라서 이성과 감성 중 어느 하나가 더 우위라고 말하기보다는 이 둘의 상호 보완 관계로 보는 시각을 갖는 것이 더 균형감 있는 태도일 것입니다. 그렇다면 사랑이라는 감정은 어떤 것일까요?

2부 다른 이에게 다가가고 싶은 너에게

1 내가 갖지 못할 것을 갈망하다

사랑의 종류는 참 다양합니다. 풋사랑, 첫사랑, 짝사랑, 영원한 사랑, 위험한 사랑……. 그렇다면 과연 철학자들은 사랑을 어떻게 이해하고 분석하고 있을까요? 사랑은 크게 에로스, 필리아, 아가페로 구분할 수 있습니다. 에로스는 사랑하는 대상을 소유하고 지키는 사랑이고, 필로스는 서로에게 만족하고 나누는 사랑입니다. 그리고 아가페는 특정 대상이 아니라 모든 사람에 대한 자비의 마음이자, 자신을 버리고 베푸는 사랑입니다. 각 사랑의 동력 역시 다른데, 에로스는 결핍에서 오는 욕망에 근거한 것으로 스스로 선택한 것이 아니라 사로잡혀 끌려가는 감정에 지배받는 것이고, 필로스는 스스로 행동하기를 선택하는 것이고, 아가페는 은총에 의한 것으로 나와 다른 사람의 경계마저 허물고 자아를 초월하는 것입니다.

로테에 대한 베르테르의 사랑은 에로스에 의한 사랑입니다. 베르테르는 로테와 약혼한 알베르트를 부러워하고 자신과 그럴 수 없는 것을 괴로워합니다. 물론 로테에 대한 베르테르의 사랑은 스스로 선택한 것이 아니라 자신도 어쩔 수 없이 이끌리고 열정에 사로잡힌 것입니다. 이처럼 에로스의 특성은 스스로 가지지 못한 결핍한 것을 욕망하는 것입니다. 갖지 못한 동안은 갖지 못해서 고통스럽습니다. 그러나 설령 그 대상을 가지게 된다 하더라도 이전과 같은 사랑을 할 수 없다는 한계가 있습니다. 결핍은 결핍되는 동안은 고통을, 결핍이 충족되었을 때는 권태를 느끼게 하므로 행복이 지속될 수 없다는 함정이 있습니다. 열렬히 사랑해서 결혼한 사람들중에서 오래지 않아

서로에게 질리고 무관심해지고 원망하는 경우가 있습니다. 그렇다고 열정적인 사랑을 부정할 수는 없습니다. 젊은 연인들은 이러한 사랑을 이상적인 것으로 생각하고 늘 소망하기 때문입니다.

에로스에 대한 논의는 플라톤의 《향연》에 집중적으로 소개되어 있습니다. 아가톤이라는 시인이 시 경연대회에서 우승한 것을 축하하기 위해 모인 사람들은 각자의 관점에서 에로스를 찬양하며 에로스의 기원과 사랑의 본성에 대해 철학적 토론을 벌입니다. 소크라테스와 같은 철학자, 시인, 정치인, 의사 등이 함께 이야기하는데 이들 중 시인 아리스토파네스와 소크라테스의 관점이 흥미롭습니다. 아리스토파네스는 인간이 아주 먼 옛날에는 불룩한 공처럼 생겨 네 개의 팔, 네 개의 다리, 두 개의 얼굴을 가지고 있어 매우 강력하고 자신감이 넘쳤다고 합니다. 이들은 남자와 남자, 남자와 여자, 여자와 여자로 합쳐진 모양으로 부족할 것이 없었는데 마침내 신들에게 도전하기에 이르러 제우스의 분노를 사게 되었고, 강력했던 이들이 제우스에 의해 둘로 쪼개져 봉합된 다음 현재의 인간이 탄생했다는 것입니다. 그래서 그때 쪼개진 반쪽은 외로움과 버림받은 느낌을 갖게 되고 자신의 반쪽을 찾고자 하는 본성이 생기는데, 이렇게 자신의 분신을 찾아 헤매는 마음이 바로 사랑이라는 것입니다. 아리스토파네스의 관점은 오늘날까지도 꽤 설득력 있게 들립니다. 막 사랑을 시작할 때의 연인에 대한 마음을 잘 표현하고 있으니까요. 상대를 완전한 내가 되기 위해 꼭 필요한 나의 반쪽처럼 느끼는 것, 둘이 더 이상 떨어질 수 없다는 운명의 느낌이 이 이야기로 설명됩니다.

그러나 플라톤의 대화편에 등장하는 소크라테스는 이러한 사랑의 개념에 동의하지 않습니다. 플라톤이 생각하는 사랑은 그가 말하는 에로스 신의 기원에서부터 찾아볼 수 있습니다. 에로스에 대한 신화는 풍요와 방책의 신 포로스와 떠돌이 가난의 신 페니아에서 출발합니다. 아프로디테의 생일 축하 파티가 끝나갈 무렵 포로스가 낮잠을 자며 쉬는 동안 파티에 초대되지 못한 떠돌이 페니아가 잠자고 있는 포로스를 탐하여 낳은 아들이 에로스라는 것입니다. 그래서 에로스, 즉 사랑은 결핍된 것을 욕망하고 여러 술책을 사용하여 그 결핍을 충족할 수 있는 존재입니다. 그런데 에로스는 결핍이 충족되면 처음에 느꼈던 사랑이 사라지고 또 다른 결핍을 찾아 나서게 되는 특성을 지닙니다. 이러한 에로스는 한 대상에 대한 사랑에 머물게 하는 것이 아니라 더 높은 단계의 사랑으로 도약하는 사다리 역할을 하게 됩니다. 마치 처음에는 멋진 외모에 끌려 어떤 사람과 사랑하기를 바라지만 그 멋진 사람을 내 곁에 두게 되면 멋진 모습에 만족하지 않고 그의 마음과 영혼까지 아름답기를 원하게 되는 것처럼 말이지요.

플라톤의 《향연》에는 사랑의 과정이 단계별로 제시되어 있습니다. 사랑의 맨 첫 단계는 아름다운 육체에 대한 사랑입니다. 사람은 누구나 아름다운 몸을 사랑하게 마련입니다. 그런데 지혜의 관점에서 생각해보면 어떤 사람의 아름다움이 실은 그 사람만이 가지고 있는 것이 아니고 모든 아름다운 사람들에 공통으로 깃들어 있는 특성이라는 것을 알게 됩니다. 그래서 아름다운 몸의 단계를 뛰어 넘어 영혼의 아름다움을 사랑하게 됩니다. 물론 그 영혼의 아름다움 또한 그 한 사람에게 고유한 것이라기보다 모든 아름다운 영혼을 가진 사람들에게 공통으로 깃들어 있는 것이며 이로부터 행동의 아름다움을 사랑하는 것으로 나아가게 됩니다. 이와 같은 에로스의 상승은 궁극적으로는 아름다운 지혜를 얻는 단계에까지 이르게 되고, 마침내는 신성하고 영원한 천상의 사랑을 추구하게 됩니다. 이러한 여정은 겉으로 보이는 아름다움에서 보다 본질적인 아름다움으로, 한 사람에 대한 사랑에서 신적인 사랑으로 나아가는 것입니다. 어느 한 사람에 대한 집착과는 상반된 사랑입니다.

그런데 베르테르가 로테에 대해 그토록 열망했던 사랑은 한 사람에 대한 집착입니다. 로테가 지닌 아름다움을 로테만의 것이 아닌, 아름다움의 본질에서 오는 것임을 깨닫고 로테라는 한 여인에 대한 집착을 버릴 수 있었다면 베르테르는 로테를 사랑하는 동시에 로테가 지닌 아름다움 자체를 사랑하게 되면서 죽음에 이른 고통으로부터 자유로워졌을 것이라는 생각을 하게 됩니다.

2 오래도록 변하지 않는 사랑

열정적인 연인이 결혼하여 어제보다 오늘, 오늘보다 내일 더 열정적으로 사랑할 수는 없습니다. 누군가 그렇다고 말한다면 그것은 환상이거나 거짓말입니다. 왜냐하면 열정은 결핍으로부터 생겨난 것이고 그 결핍이 채워질 때 당연히 열정도 식기 마련이기 때문입니다. 그렇다면 오래도록 서로 사랑하는 사람들에게는 어떤 비결이 있을까요? 비록 결핍으로부터 열정이 생겨났다 하더라도 그 열정을 지속된 안정적인 감정으로 발전시키는 경우일 것입니다. 상대방을 내 곁에 두고 싶은데 그렇지 못해 안달하는 사랑에서 상대방이 내 곁에 오래 함께 있는 것을 기뻐하는 사랑 말입니다. 오래 함께 있으면서도 질리지 않고 권태롭지 않은 것은 결핍된 것을 채우려는 에로스가 아니라 상대방을 충분히 알고 그 존재로부터 기쁨을 얻는 필리아일 것입니다.

필리아는 '친애'라는 뜻으로 우정, 자식에 대한 부모의 사랑, 부부 사이의 친구 같은 사랑을 뜻합니다. 에로스가 상대에 대한 자기 환상을 키우며 이상화하는 사랑이라면 필리아는 상대가 지닌 현재의 모습 그대로를 인정하고 그가 내 곁에 함께 있는 것을 즐기고 기뻐하는 것입니다. 아리스토텔레스는 필리아를 세 종류로 말했습니다. 상대방이 나에게 즐거움을 주는 것, 유익함을 주는 것, 그리고 그 자체의 덕이 있는 경우입니다. 이 중에서 가장 좋은 것은 상대방의 덕에서 비롯된 필리아입니다. 우리가 친구를 사귈 때 그 친구와 함께 하는 것이 유익하거나 즐겁기 때문인 경우가 있습니다. 그러나 이 경우는 시간이 지나고 상황이 변함에 따라 유익했던 점이나 즐거웠던 점이 사라질 때 그 우정은 이전처럼 지속되지 않습니다. 반면에 친구의 덕이 좋아서 사귄 경우라면 외부 상황이 어떻게 되든 좀처럼 변하지 않습니다. 이것을 친구가 아닌 연인에게도 적용해볼 수 있습니다. 상대가 나에게 주는 유익함과 즐거움 때문에 사귀는 경우라면 상황에 따라 변할 수 있습니다. 돈 많은 사람과 사귀다가 그 사람의 돈이 바닥나면 헤어지는 경우가 그렇습니다. 젊고 아름다운 사람과 사귀다가 늙고 추해지면 헤어지는 경우도 마찬가지입니다. 반면 연인의 품성과 덕에 이끌려 친애의 감정을 유지한 경우라면 늙고 병들거나 경제 사정이 나빠져도 변함없이 그 관계를 지속할 수 있습니다.

필리아로서의 사랑은 로테와 알베르트에게서 찾아볼 수 있습니다. 알베르트와 로테는 오래도록 친하게 지내왔던 사이입니다. 로테의 어머니가 이 세상을 떠나면서 마지막 순간에 알베르트에게 로테와 그녀의 어린 동생들을 당부할 정도라면 그의 품성과 덕이 어느 정도인지 가늠할 수 있습니다. 알베르트는 로테를 향한 욕망으로 안달하며 애태우는 대신 변함없는 신뢰와 배려의 마음으로 로테의 곁을 지켜왔습니다. 알베르트가 자신의 약혼자를 사랑하는 베르테르에게조차 친절하고 예의 바르게 친구처럼 대했다는 것도 그의 품성을 말해줍니다. 알베르트와 로테 사이에는 깊은 우정과 신뢰가 있고, 그 힘을 바탕에 둔 이들의 결혼 또한 성숙한 것임을 짐작할 수 있습니다.

베르테르와 괴테의 차이

　베르테르는 순수함과 열정, 활력이 가득한 멋진 남자입니다. 그런 베르테르가 왜 자살이라는 비극적 최후를 맞이하게 된 것일까요? 베르테르는 작가 괴테의 분신이었습니다. 괴테 역시 친구 부인을 몹시 사랑했습니다. 어쩌면 괴테도 베르테르처럼 고통을 끝내고 싶었을지도 모르겠습니다. 그러나 작가는 베르테르가 행한 것과 달리 작품을 씀으로써 실연의 고통을 달랬고 25세의 나이에 이 소설로 유명한 작가가 되었습니다.

　괴테와 베르테르의 차이를 좀 더 생각해볼까요? 소설의 전반부의 베르테르는 괴테 자신과 마찬가지로 자연의 풍경을 즐겨 그리고 호머의 《오딧세이》를 읊는 인물입니다. 그런 베르테르가 절망에 빠지면서 더 이상 그림을 그릴 수 없게 되고 감성의 조화를 잃게 됩니다. 예술을 통해 자신을 표현하는 능력을 상실한 후에는 주변 사람들에게

슈투름 운트 드랑(Sturm und Drang)

이성을 중심으로 한 유럽의 합리주의적 계몽주의 정신이 18세기 중엽에 절정에 이르자 독일의 젊은 세대들 사이에서 계몽주의에 대한 거부감이 생기기 시작했다. 독일의 괴테와 쉴러 등이 감정의 해방, 자유, 자아의식 등을 강조하여 1770년부터 1790년까지 약 20여 년간 질풍노도, '슈투름 운트 드랑'이라는 문학 운동을 탄생시켰다. 계몽주의가 인간이 이성만 중시하여 인간 감정의 근원을 돌보지 못한 데 반하여, 슈트름 운트 드랑은 합리주의의 무미건조한 형식과 외면적인 도덕률을 타파하고 생명과 개성을 해방하려는 데 그 운동의 목적이 있었다. 《젊은 베르테르의 슬픔》은 '슈투름 운트 드랑'의 대표 작품이라 할 수 있다. 이 운동은 독일의 낭만주의로 이어지는데, 낭만주의는 형식, 보편성, 완성을 지향한 고전주의 미학에 반대하여 무형식, 개성, 무한, 이성이 통제할 수 없는 상상력이나 비현실적인 몽상을 강조했다.

불안정하고 혼란스런 모습을 보이며 걱정을 끼치게 되었습니다. 괴테는 예술을 통해 스스로를 표현할 수 있었고 예술을 위안삼아 자신의 고통을 충분히 표현하고 달랠 수 있었지만 베르테르는 그렇게 할 수 없었습니다. 예술에 대한 괴테와 베르테르의 차이가 생과 사를 갈라놓은 것입니다.

그러나 베르테르의 비극은 무엇보다 베르테르 자신에게 있다고 봐야겠습니다. 베르테르는 사랑을 소유의 관계로 보았습니다. 소유하고 싶은 대상을 소유하지 못하니 괴로운 것입니다. 소유 관계로 사랑을 이해하면 사랑의 대상은 사물처럼 소유할 수 있는 것이 됩니다. 그래서 로테가 자신의 것이 아니라 알베르트의 것이라는 생각에 괴로워했던 것입니다. 사랑에 관해 베르테르의 또 하나의 착오는 사랑이 수동적인 감정의 문제라고 본 것입니다. 사랑을 수동적인 감정으로만 보게 되면 우리의 감정이 외부 여건에 따라 일시적으로 변화하듯 매우 변덕스러운 것이 되고 감정의 노예가 되고 맙니다. 사랑을 이루기 위해서는 상대방을 이해해야 하고 배워야 하고 서로 조화롭게 지낼 수 있도록 노력해야 하는데 자신의 감정과 열정만 내세웠던 것은 아닌지 되돌아봐야겠습니다. 베르테르가 로테와의 사랑을 결혼이라는 결실로 맺지 못했다고 절망하지 않았다면, 로테가 알베르트를 선택한 이유를 이해하려 노력했다면 그는 자살이라는 극단적 결말만큼은 피할 수 있었을 것입니다. 괴테 자신이 그랬던 것처럼 말입니다. 그럼에도 불구하고 우리가 베르테르에게 끌리는 이유는 우리 역시 베르테르와 마찬가지로 결핍을 채우려는 욕망에 더 쉽게 끌리기 때문입

2부 다른 이에게 다가가고 싶은 너에게

니다. 괴테는 소설 속에서 자신을 대신하여 베르테르로 하여금 자살을 감행하게 했습니다. 베르테르는 사랑이라는 이름의 황홀한 병 때문에 죽은 것입니다. 소설 속의 베르테르는 더없이 비극적이고 슬프지만 그를 창조한 괴테는 현실에서 겪는 절망과 억눌린 감정을 베르테르의 비극으로 씻어내고 다시 사랑할 수 있는 힘을 갖게 되었습니다. 사랑으로 인한 마음의 상처는 죽음에 이를 만큼 치명적일 수 있습니다. 그러나 그러한 사랑을 경험해본다는 것은 한편으로 행운입니다. 사랑 또한 하나의 배움이며 자신을 알 수 있는 가장 매혹적인 기회입니다.

자유롭고 싶은
너에게

대부분의 사람들이 부조리한 세계를 의식하지 않으려 하고 주어진 일에 순응하며 기계적인 일, 먹고 살기 위해 어쩔 수 없이 할 수밖에 없는 일을 합니다. 그러한 상황에 처한 사람이 "그렇게 안 하고 싶습니다"라고 외치고 일을 중단하는 데에는 대단한 용기가 필요합니다. 그것은 비인간적인 삶의 조건을 고발하는 조용한 저항입니다.

7장

이유 없는 반항에도
이유가 있다?

《필경사 바틀비》(허먼 멜빌 지음, 공진호 옮김, 문학동네)

 《필경사 바틀비》는 어떤 내용일까?

30년간 법률 문서만 관리하던 신중한 성격의 변호사는 새로 맡은 업무의 진행을 위해 바틀비를 필경사로 고용합니다. 필경사란 복사기나 컴퓨터가 없던 당시에 손으로 글씨를 옮겨 적던 직업입니다.

새로 고용된 바틀비는 단정하고 고독해 보이는 첫인상을 주었습니다. 그는 매우 조용했고, 엄청난 양의 필사를 묵묵히 했습니다. 그런데 밤낮으로 일만 하던 바틀비가 어느 날, 변호사가 다급한 일로 불러 일을 시키려 할 때 꼼짝도 하지 않았습니다. 바틀비는 특유의 온화하면서도 단호한 목소리로 "그렇게 안 하고 싶습니다(I would prefer not to)"라고 말했습니다. 변호사를 비롯한 사무실의 모든 사람들이 당황했으나, 바틀비에게서 악의를 느끼지 못한 변호사는 차마 그를 해고하지 못했습니다.

하지만 계속되는 바틀비의 이유 없는 거부에 변호사는 그에게 사무실을 떠날 것을 명령했습니다. 바틀비는 이 명령조차 대답하지 않고 사무실에서 꼼짝하지 않았습니다. 변호사는 어떤 방법으로도 바틀비를 사무실에서 나가게 할 수 없다면 자신이 바틀비를 떠나기로 마음먹고 사무실을 이전합니다.

이후 변호사는 바틀비를 구치소에서 만나게 됩니다. 부랑자로 신고되어 구치소에 감금된 바틀비는, 구치소 안뜰의 높은 벽을 향해 얼굴을 돌린 채 혼자 서 있었습니다. 얼마 지나지 않아 바틀비는 결국 무릎을 웅크리고 차가운 돌에 머리를 갖다 댄 채 죽어 있었습니다.

우리는 공부를 좋아하건 좋아하지 않건, 학교에 다니는 동안 열심히 공부하라는 부모님과 선생님의 말씀을 무시할 수 없습니다. 공부가 적성에 맞지 않더라도 잘해보려는 마음은 가지고 있습니다. 만약 공부를 전혀 안 하겠다고 하면 집이나 학교에서 여러 가지 피곤한 일들이 생기고 주변 사람들과 불화와 마찰을 피할 수 없기 때문입니다. 어른이 되어 직장에 고용되면 해야 할 일에 충실해야 하는 상황은 더 분명해집니다. 사람들은 대부분 자신에게 맡겨진 일을 최대한 잘하려고 노력합니다. 그렇게 하지 않는다면 나태하거나 불성실한 사람으로 인식되어 해고의 위험을 안게 됩니다. 해고는 누구나 원하지 않는 결과입니다. 그런데 여기, 마땅한 이유 없이 고용주로부터 지시받은 일을 거부하는 사람이 있습니다. 바로 허먼 멜빌의 소설 속 주인공 바틀비입니다. 그의 거부는 기이합니다. 그러한 기행에 과연 어떤 의미가 숨어 있을까요?

1 "그렇게 안 하고 싶습니다."

소설은 바틀비가 "그렇게 안 하고 싶습니다"라고 말하면서 자신에게 주어진 모든 일을 왜 거부하는지 그 이유를 말해주지 않습니다. 그래서인지 이 답답한 인물 바틀비에 대한 생각이 오래도록 독자의 마음을 사로잡습니다. 바틀비가 말하는 "그렇게 안 하고 싶습니다"는 대체 어떤 의미일까요?

오늘날 우리는 무언가 끊임없이 성취하고 싶고 인정받고 싶어 합니다. 그런데 바틀비는 다릅니다. 그는 업무뿐만 아니라 먹고 생활하는 삶 자체를 "그렇게 안 하고 싶습니다"로 일관하다 말라 비틀어져 죽어가는 인물입니다. 바틀비가 미쳐버린 걸까요? 단순히 정신 나간 인물이라고 생각한다면 더 이상 심각하게 생각할 필요가 없을 것입니다. 병원에 가서 치료를 받도록 하는 것이 최선일 테니까요. 그러나 바틀비의 "그렇게 안 하고 싶습니다"라는 말은 좀 더 음미해볼 가치가 있는 말입니다. 우선 그의 "그렇게 안 하고 싶습니다"는 사춘기 아이들이 어른들에게 반항하기 위해 보여주는 행동과는 확실히 다릅니다. 사춘기 반항에는 자신의 행동에 대한 머뭇거림이나 어른들에 대한 불만이 섞여 있습니다. 때로는 가까운 사람들의 기대에 미치지 못했다는 죄책감이 따르기도 합니다. 변호사는 바틀비에게 그런 기색이 있었다면 그를 쉽게 해고하고 잊어버렸을 것이라고 말합니다. 그러니 바틀비의 태도에는 분명 독특한 무언가가 있습니다. 바로 그 점이 바틀비의 매력이자 관심을 끄는 이유입니다. 바틀비가 정신이상자라거나 거식증 환자라고 답하는 것은 이 소설을 너무 쉽게 결론 내리는 싱거운 일일 것입니다. 작가는 소설의 마지막 문장을 "아, 바틀비여! 아, 인간이여!"라고 마무리 지었습니다. 이는 바틀비의 반항 속에서 인간 고유의 특성을 찾아보라는 의미입니다.

2 바틀비의 목격자

바틀비는 어떤 사람일까요? 그를 가장 가까이서 관찰하고 죽음에 이를 때까지 함께한 변호사의 감정 변화를 살펴보면 도움이 될지도 모르겠습니다. 바틀비가 필경사로 일하게 된 시점부터 그가 죽기까지 변호사는 바틀비에게 호감을 점점 잃고 나중에는 연민과 전율을 느끼게 됩니다. 처음엔 사무실의 다른 필경사들과 달리 바틀비의 고요하고 단정한 태도에 호감을 가졌던 변호사는 자신의 지시를 거부하고 고집을 피우는 바틀비를 이해하지 못합니다. 그러다 그가 부랑자로 고소되어 구치소에 수감되었다는 소식을 들은 이후 그를 만나러 갔을 때는 자신과의 이해관계를 떠나 연민을 느끼게 됩니다. 마지막 방문 때 죽은 바틀비의 손을 만지는 순간에는 저릿저릿한 전율을 온몸으로 느낄 정도의 특별한 경험을 했습니다.

바틀비가 죽은 후 변호사는 그에 대한 소문을 듣습니다. 그가 이전에 배달 불능 우편물 취급소의 말단 직원으로 일을 하다가 정리해고가 되었다는 것입니다. 변호사는 배달 불능 편지를 분류해서 태우는 일이 매우 절망적인 일이며, 삶의 심부름에 나선 편지들이 죽음으로 질주한 것이라고 생각했습니다. 변호사가 마지막에 내뱉는 "아, 바틀비여! 아, 인간이여!"라는 말은 이전까지 괴상하다고만 생각해온 바틀비에 대한 관점이 바뀌고 하나의 깨달음에 도달하여 나온 감탄사입니다. 작가는 그 깨달음의 내용을 소설에 담지 않았습니다. 그 말의 의미를 이해하는 것은 독자의 몫으로 남겨두었습니다.

만약 바틀비를 끝까지 목격한 변호사의 이야기가 없었다면 바틀비

슬라보예 지젝(Slavoj Žižek, 1949-)의 바틀비 해석

슬로베니아 출신의 철학자 지젝은 바틀비를 "사회 상징 질서에 뺄셈의 자세를 취하는 수동적 공격성"으로 본다. 이때 바틀비의 수동적 태도는 '능동/수동'의 이분법을 넘어서는 근원적인 수동성(original passivity)이다. 바틀비의 말에는 하기 싫은 일을 피하려는 부정적 제스처와 자신이 좋아하는 일을 하려는 적극적 제스처가 동시에 들어가 있다. 지젝은 이를 두고 '수동적 공격성'이라고 한다. 그것은 하지 않는 것을 의지하는 진술 방식이다. "~하지 않겠다"는 타인의 요구로부터 자신을 빼내는 진술 방식이다. 화자가 "왜 거부하느냐"라고 물었을 때 바틀비는 "하지 않는 것이 좋겠다"라고만 답할 뿐이다. "하지 않는 것"은 체제로부터 자신을 빼냄으로써 체제에 정당성을 부여하지 않으려는 행위이다. 지젝은 바틀비의 "하지 않음"에서 '뺄셈'의 제스처를 읽어내는데, 이러한 수동적 철회는 어떤 적극적인 행동보다 진보적일 수 있다고 본다.

는 정신이상자, 거식증 환자에 불과했을지도 모릅니다. 그렇지만 툼즈 구치소에서의 마지막 모습과 그에 대한 과거의 이야기는 그를 특별한 존재로 짐작하게 합니다. 그는 위대한 일을 해서가 아니라 하던 일을 멈췄다는 점에서 특별합니다. 변호사가 본 바틀비는 벽돌 틈 사이에 새들이 잔디 씨앗을 떨어뜨려 싹이 튼 잔디의 모습입니다. 바틀비는 사무실에서도 구치소에서도 벽들로 둘러싸인 곳에서 벽을 바라보았습니다. 벽으로 둘러싸인 공간은 단절되고 생명이 자랄 수 없는 열악한 공간입니다. 그 틈 사이에서 화려한 꽃도 아니고, 풀도 아닌 잔디가 피어오르듯, 바틀비가 있었던 것입니다.

바틀비는 생명이 없는 공간에서 기적처럼 생명을 간직한 존재입니다. 벽돌 틈 사이에 핀 잔디는 공원의 잔디와 다릅니다. 벽돌 틈이라는 척박한 곳에서도 생명이 자랄 수 있다는 것을 증명하는 것입니다. 바틀비는 "그렇게 안 하고 싶습니다"라는 말 이외에 아무런 말도 하

지 않은 채 생명이 자랄 수 없는 공간에서 '여기에 생명이 있다'고 무
언의 외침을 했던 것입니다.

3 부조리에 저항한다는 것

　바틀비는 수수께끼 같은 인물입니다. 이 소설은 출간된 당시에
전혀 주목받지 못했습니다. 그러다 한 세기를 넘겨 현대에 와서 다
시 주목받고 있습니다. 바틀비의 태도에서 현대인들이 공감할 요소
들이 있기 때문입니다. 현대의 사상가들이 바틀비를 보는 관점 중 공
통되는 것은 기존 질서에 갇히지 않기를 원했다는 것입니다. 물론 바
틀비와 같은 생각을 가진 사람들 중에는 자신에게 주어진 일을 거부
하고 정반대의 일을 찾는 사람도 있을 것입니다. 자신에게 주어진 일
을 묵묵히 따르는 사람을 '수동적인' 사람, 자신에게 주어진 일을 원
하지 않아 그 일을 그만두고 다른 일을 적극적으로 찾아 나서는 사람
을 '능동적인' 사람이라고 한다면, 바틀비는 능동과 수동의 이분법을
넘어서는 태도를 지니고 있습니다. 그는 원하지 않는 일을 묵묵히 따
르는 것도 아니면서, 하지 않겠다고 말한 뒤에 더 적극적으로 자신의
일을 찾아 나선 것도 아닙니다. 하지 않기를 원한다고 말하고 있는
점이 매우 흥미롭습니다. 그는 결국 원하는 것을 하는 사람입니다. 그
런데 그 원하는 바가 '하지 않는 것'입니다. 능동과 수동, 긍정과 부정
을 넘어선다는 점에서 바틀비가 독특한 인물이 되는 것입니다.
　바틀비를 보는 입장은 대략 두 가지로 정리됩니다. 하나는 주어진

일을 너무 열심히 하다 진이 다 빠진 '소진된 인물'이라는 관점이고, 다른 하나는 자신을 둘러싼 세상에 대해 소극적으로 저항하는 '반항적 인물'이라는 관점입니다. 두 관점 모두 충분하지는 않습니다. 바틀비를 소진된 인물이라고 보기엔 밤낮없이 필사에만 매달린 지 불과 며칠 만에 일을 안 하고 싶다고 말하는 것이 무리이고, 반항적 인물로 보기엔 그가 맞서고 있는 세상이 반항해야 할 만큼 악한 것이어야 하는데 소설에는 그 점이 분명하게 드러나지 않기 때문입니다. 그럼에도 불구하고 상반된 두 관점은 바틀비라는 수수께끼에 다가가는 실마리가 될 수 있다고 생각합니다. 그래서 두 관점 중 어느 하나가 맞고 틀린 것이 아니라 두 관점 모두 바틀비의 행동을 이해하는 단서로 볼 수 있습니다.

변호사는 바틀비가 워싱턴의 배달 불능 우편물 취급소의 말단 직원이었고, 행정 개편에 따른 대대적인 정리해고로 직장을 잃었다는 것을 알게 됩니다. 그가 진이 빠진 인물이라면, 그는 일을 너무 많이 해서가 아니라 절망적인 일, 기계적인 일, 희망 없는 일을 맡게 되어서일 것입니다. 바틀비라는 수수께끼를 푸는 데 중요한 단서는 '배달 불능의 편지'입니다. 배달 불능의 편지는 부조리한 상황을 보여줍니다.

이해할 수 없는 상황, 감당할 수 없는 상황을 철학에서는 '부조리'라고 합니다. 인간과 그의 삶이 비유하자면 배우와 무대 장치가 서로 동떨어져 있는 상황입니다. 우리가 희망으로만 가득 차 있을 때는 모든 것이 이해되고 정돈되어 있고 설명할 수 있는 것처럼 보입니다.

그러나 정신 차리고 우리 자신의 조건을 생각해보면, 언제 맞이할지 모르는 두려운 죽음이라는 한계를 피할 수 없고, 우리를 둘러싼 세계를 똑바로 살펴보면 곳곳에 금이 가 있고 무너져 내려앉아 있는 것을 발견하게 됩니다. 인간과 세계라는 두 대상이 서로 잘 연결되어 있지 않아서, 다시 말해 절연되어 있기 때문에 우리의 존재 자체가 부조리한 것입니다. 바틀비는 바로 인간 존재를 둘러싼 부조리를 깨닫고 그것에 저항하기 위해 모든 무의미한 일을 멈춘 것이 아닐까요? 바틀비의 이러한 저항은 대부분의 사람들이 이러한 부조리한 세계를 외면하고 주어진 일에 순응하며 몰두하는 것과 대조됩니다.

대부분의 사람들이 부조리한 세계를 의식하지 않으려 하고 주어진 일에 순응하며 자신이 원하지 않는 일, 기계적인 일, 먹고 살기 위해 어쩔 수 없이 할 수밖에 없는 일을 합니다. 양이 많든 적든 하고 싶지 않은 일은 지치고 힘듭니다. 바틀비는 자신이 해야 하는 일에서 인간다움을 발견하지 못해 "그렇게 안 하고 싶습니다"라며 결단하고 행동에 옮겼지만 대부분의 사람들은 미처 그런 저항조차 못하고 주어진 것에 순응하며 살아갑니다. 사실 현대인들은 생계를 위해 돈을 벌 수 있는 일이면 무엇이든 '일'로 만듭니다. 그 일 중에는 기계적이고 무의미하고 희망 없는 일이 대부분입니다. 그런 일밖에 할 수 없는 처지에 있는 사람이 일을 거부하기 위해서는 대단한 용기가 필요합니다. 어쩌면 그것은 무모한 행동입니다.

4 자유, 목숨보다 더 중요할까?

변호사 사무실에서는 예순을 넘긴 터키와 스물다섯 살의 니퍼즈도 필사 일을 하고 있습니다. 터키와 니퍼즈는 신경증과 소화 장애를 겪고 있습니다. 다혈질의 터키는 원고에 잉크를 묻히는 실수를 하고, 야망이 큰 니퍼즈는 똑같이 베껴야 하는 문서를 자신의 마음대로 고치는 실수를 합니다. 기계적이고 반복적인 일을 억지로 하려니 생겨난 문제입니다.

사실 사람은 모두 자신이 원하는 일만 하고 살지는 않습니다. 학생도 놀기만 할 수는 없습니다. 하기 싫은 일, 재미없는 일도 해야 할 때는 하면서 다른 재미있는 일로 보상하며 그런대로 적응하며 살아갑니다. 니퍼즈가 퇴근 후에 맥주를 마시는 것이 바로 그런 이유에서입니다. 학생들로 치면 쉬는 시간에 게임을 하거나 좋아하는 연예인을 보는 일 등이 그에 해당합니다. 물론 공부와 필사는 질적으로 다릅니다. 공부는 배움의 기쁨을 주고, 공부를 함으로써 더 나은 사람이 될 수 있습니다. 즉, 새로운 것을 만드는 기초가 된다는 점에서 공부는 기계적인 필사 작업과는 차원이 다릅니다. 그러나 단지 성적을 올리기 위한 공부, 하라고 하니까 수동적으로 이끌려 하는 공부, 감시받으며 억지로 하는 공부라면 필사와 다를 바 없습니다. 그런 공부를 하다가 금방 지치고 진이 빠지는 것은 당연합니다.

탈진하고 소진된 사람은 하고 싶어도 더 이상 일을 할 수 없습니다. 그런데 바틀비는 일을 지시하는 변호사에게 "그렇게 할 수 없습니다" 혹은 "그렇게 하고 싶지 않습니다"라고 하지 않고 "그렇게 안

하고 싶습니다"라고 말합니다. 여기서 바로 바틀비의 반항적 기질을 엿볼 수 있습니다. 그는 할 수 없어서 안 하거나 어쩔 수 없이 안 하는 것이 아니라, 그 일을 하고 싶지 않다는 것을 깨닫고 스스로 결단한 것입니다. 그 말을 한 후 바틀비는 건물 벽으로 둘러싸인 창밖을 계속 바라보지요. 사무실은 '벽'을 뜻하는 월가에 자리 잡고 있습니다. 바틀비는 구치소에서도 높은 담벼락을 계속 바라보았습니다.

구치소의 이름은 무덤을 뜻하는 '툼즈'였습니다. 사무실이나 구치소 모두 벽으로 둘러싸인 환경입니다. 누구나 위축되고 긴장되는 환경입니다. 바틀비는 자신을 둘러싼 환경을 떠나버리는 것이 아니라, 남에 의해 강제로 이송될 때까지 자신의 방식을 고집하는 것으로써 저항합니다. 그런 점에서 바틀비의 반항은 확실히 소극적입니다. 그는 자신을 둘러싼 비인간적 환경에 저항하되 그것을 벗어나는 방식이 아니라 그 환경에 자신의 생명을 완전히 내어주는 방식으로 저항한 것입니다. 그래서 그의 죽음은 거식증 환자의 병사나 스스로 선택한 자살이기보다 순교에 가깝습니다. 비인간적 환경이 인간을 어떻게 만드는지를 몸으로 보여준 것입니다. 변호사는 그의 마지막 모습이 마치 영원한 피라미드의 심장처럼 보였다고 합니다.

바틀비의 죽음은 인간성을 키우기 어려운 환경 속에서 그 환경의 비인간적인 삶의 조건을 고발하는 조용한 저항입니다. 저항의 대상이 분명하지 않기 때문에 조용할 수밖에 없습니다. 마치 배달 불능의 편지를 관리하는 업무가 매우 절망적이지만 그 절망의 원인이 어떤 사람이나 기관, 조직 때문에 생겨난 것이 아니라서 그 절망을 희망으로 전환할 방법을 알 수 없듯이, 바틀비의 저항은 대상 없는 저항이며, 무엇으로도 성취할 수 없는 저항입니다. 그래서 소리 없는 외침이 될 수밖에 없습니다. 스스로 파멸에 이르는 일 외에 어떤 것도 하고 싶지 않았던 바틀비는 우리의 운명이 배달불능의 편지처럼 삶의 부조리 속에 있다는 것을 일깨워줍니다.

8장

남의 시선은
날 어떻게 조종할까?

《헝거 게임》(수잔 콜린스 지음, 이원열 옮김, 북폴리오)

 《헝거 게임》은 어떤 내용일까?

··

   캣니스는 광부였던 아버지가 돌아가신 후 법으로 금지된 사냥을 하며 어머니와 여동생을 돌보는 16세 소녀입니다. 어느 날 캣니스의 여동생이 헝거 게임의 조공으로 뽑히자, 캣니스는 여동생을 대신해 조공을 자원하여 수도 캐피톨로 향합니다.

   캣니스가 살고 있는 국가 판엠은 수도인 캐피톨과 12개의 구역으로 나뉘어 있습니다. 캐피톨을 제외한 12개의 구역의 사람들은 가난과 굶주림에 시달리며 살고 있습니다. 판엠은 12개 구역의 반란을 막기 위해 카메라를 통해 모든 곳을 감시하고 통제합니다. 판엠은 12개 구역을 감시하고 통제할 뿐만 아니라, 매년 12개 구역의 소년 소녀 한 쌍을 강제로 데려와 '헝거 게임'이라는 생존 게임을 엽니다. 12개 구역에서 차출된 24명의 남녀를 '조공'이라 부릅니다.

   24명 중 단 한 명만이 살아남아야 게임이 끝나는 헝거 게임은 캐피톨의 모든 시민이 기다리는 연례행사입니다. 헝거 게임의 전 과정이 리얼리티 쇼로 방영되기 때문에, 캐피톨의 재력가들은 자신이 좋아하는 선수에게 후원을 할 수 있습니다. 위급한 상황에서 후원을 받기 위해 24명의 참가자들은 캐피톨 시민의 관심과 사랑을 받으려 애씁니다. 캣니스 역시 같은 도시에서 조공으로 추첨된 피타와 연인 행세를 하며 캐피톨 시민들의 관심을 얻습니다.

   헝거 게임이 막바지에 다다르고, 생존자는 캣니스와 피타밖에 남지 않았습니다. 헝거 게임의 규칙대로 이 둘 중 단 한 명만 살아남을 수 있습니다. 심한 부상을 당한 피타는 캣니스에게 자신을 죽이라고 말합니다. 모든 캐피톨의 시민이 지켜보는 가운데 캣니스는 의외의 선택을 합니다.

지금 여러분을 누군가 지켜본다고 생각하면 여러분의 행동은 달라질까요? 누군가의 시선은 자유롭게 행동하는 것에 방해가 됩니다. 방 안에 혼자 있을 때는 시선을 의식하지 않고 자유롭고 편안하게 행동하지만 누군가 창밖에서 나를 지켜보고 관찰하고 있다고 생각하면 아무래도 조심스럽게 행동하게 되고 부자연스러워지기도 합니다. 낯선 사람이 나를 지켜본다는 것은 불편한 일입니다. 왜냐하면 이 사람이 나를 어떻게 볼지 걱정되기 때문입니다. 물론 부모님과 형제자매와 같이 친한 사이라서 나의 모든 생활을 함께했던 사람이라면 꺼릴 것이 없습니다. 지금 당장의 행동 하나를 보고 나를 평가할 사람들이 아니기 때문입니다. 그러나 나를 지켜보고 있는 사람이 잠깐 동안의 나의 행동을 보고 나에 대해 판단한다고 생각하면 조심스러울 수밖에 없습니다.

　학교에 지각하지 않기 위해 늦잠에서 깨어나 세수도 못 하고 나온 여학생을 이웃집 남학생이 유심히 쳐다본다면 여학생은 불편한 느낌이 들 것입니다. 여학생은 평소보다 지저분한 자신의 모습을 본 이웃집 남학생이 자신을 좋지 않게 판단할 것이라고 생각할 수 있습니다. 물론 이러한 시선 안에는 남자와 여자라는 성차별적인 의식이 자리하고 있습니다. '여자는 단정해야 한다'와 같은 편견 말입니다. 물론 그 여학생이 성차별적인 생각을 갖지 않고, 이웃집 남학생이 자신에 대해 어떤 판단을 내리든 전혀 관심이 없는 경우라면 아무 문제도 없지만 그렇지 않을 경우는 다릅니다. 이 경우 시선은 단순히 보고 기억하는 것 이상으로 중요한 것이 됩니다. 다른 사람의 시선 속에는 상대방이 나를 사물처럼 대한다는 생각을 하고 있기 때문에 불편하고 불안한 것입니다. 사실 이웃집 남학생은 나에 대해 별다른 생각을 하지 않고 무심하게 지나칠 수 있습니다. 오히려 여학생에 대한 특별한 관심이 있던 경우라면 여학생의 모양새가 어떻든 오히려 반가워할 수도 있습니다. 그러나 그런 마음을 모르는 여학생은 남학생의 시선 속에서 자신이 단정치 못한 사람이라고 판단되는 것이 신경 쓰이게 마련입니다.

1 누가 나를 본다는 것

프랑스의 현대 철학자 사르트르는 시선에 대해 말합니다. 사르트르는 《존재와 무》를 통해 다른 사람의 시선 앞에서 수치심을 느끼며 안절부절못하는 현상에 대해 말합니다. 내가 문틈을 통해 다른 사람의 방을 몰래 들여다보고 있다고 상상해볼까요? 이때 나의 눈은 그 방에서 일어난 일에 대해 온 신경을 집중하여 지켜봅니다. 여기서 나는 주체이고 방안의 사람은 대상이 됩니다. 이때 나는 나 자신을 의식하지 못하고 수치심도 없습니다. 그러나 문틈을 집중하여 들여다보는 사이 내가 있는 쪽을 향해 걸어오는 발소리를 듣게 되면 문틈으로 몰래 지켜보던 자신의 모습이 들켰다는 생각에 이내 몹시 부끄러워집니다. 바로 이때 문틈을 통해 몰래 훔쳐보던 나의 행동이 대상이 되고 그에 대한 수치가 생겨난 것입니다. 이처럼 다른 사람의 시선이 느껴지기 전에는 몰랐던 수치심을 다른 사람의 시선을 의식하는 순간 느끼게 된다는 점이 중요합니다.

시선을 '의식'하는 현상의 불편함을 이해하기 위해서는 의식의 특성을 먼저 알아야겠습니다. 우리의 의식은 항상 무엇에 대한 의식입니다. 의식한다고 할 때는 항상 목적어를 갖게 됩니다. 내 몸을 의식하고, 친구를 의식하고, 날씨를 의식하고, 사람들을 의식하지요. 이처럼 '그 무엇인가에 대한 의식'을 후설이라는 철학자는 '의식의 지향성'이라고 불렀습니다. 의식은 일단 자기 앞에 대상이 나타나면 자기에게서 벗어나 대상을 향해 나아갑니다. 예컨대 값비싼 다이아몬드가 땅에 떨어져 있을 때 우리의 의식은 온통 다이아몬드를 향하게 됩니다. 가던 길도 멈춘 채 나의 의식이 나에게서 빠져나와 온통 다이아몬드를 향하는 과정이 '의식의 지향성'입니다. 이처럼 의식은 항상 그 어떤 대상을 향합니다.

또한 자기 자신을 의식하는 것도 중요합니다. 길에 떨어진 다이아몬드를 처음 발견했을 때는 의식이 다이아몬드에 가 있지만, 남들 틈에서 다이아몬드를 보고 몰래 손으로 집어 주머니에 슬쩍 넣을지 말지 주저하는 자신의 모습을 자기 스스로 대상화할 수 있습니다. 자기 자신을 스스로 대상화하여 의식할 때 나는 내 행동에 대해 수치심을 느끼게 됩니다. 이처럼 우리의 의식이 자기 스스로와 대면한다는 의미에서, 즉 자기 자신을 향한 존재라는 의미에서 우리는 '대자존재'입니다. 이것은 의식을 가진 인간의 고유한 특성입니다. 우리는 무엇을 잘못했는지 잘 모르다가도 반성문을 쓰거나 일기를 쓸 때, 자신의 행동을 대상화하면서 그에 대한 판단이 서고 그때서야 비로소 잘

한 것, 잘못한 것을 깨닫게 되기도 합니다. 반면 인공지능이나 스마트폰은 계산이나 정보는 매우 빨리 처리할 수 있어도 스스로 자신이 한 행동을 반성하거나 그 행동에 대해 의식할 수 없습니다. 사물들은 자기 스스로를 반성할 수 없고 그냥 있는 그대로만 존재합니다. 그것을 '즉자적 존재'라고 합니다. 수많은 데이터를 처리할 수 있는 세계 최고의 슈퍼컴퓨터라고 해도, 이세돌을 이긴 바둑 인공지능 프로그램 알파고라 해도 스스로에 대해서는 생각할 수 없다는 점에서 인간과 같은 대자적 존재가 될 수 없습니다. 반면 바둑 9단인 이세돌은 알파고에게 세 판을 연속 패하고는 "이세돌이 진 것이지 인간이 진 것은 아니다"라며 자신을 대상화하고 반성하며 자신의 경기에 대해 말함으로써 대자적 존재임을 보여주었습니다.

의식의 이러한 특성을 고려하면 의식 앞에 놓여 있는 것은 모두 대상이고 사물이 됩니다. 심지어 다른 사람조차 내 의식 앞에서는 사물과 다를 바 없는 대상이 됩니다. 역으로 누군가 나를 보고 있다면 그의 시선 속에서 나 또한 사물과 다를 바 없는 대상이 된다는 말입니다. 몰래 문틈을 보다 들킨 것이 아니어도 내 자신이 다른 사람의 시선 속에서 사물처럼 하나의 대상으로 보인다는 것 자체가 우리를 불안하게 만드는 것입니다.

《헝거 게임》의 배경인 독재국가 판엠은 감시의 사회입니다. 이 작품의 제목인 '헝거 게임'은 74년 전부터 시작된 게임으로, 13번째 구역의 반란 진압을 기념하기 위해 한 명의 승자만 살아남고 나머지는 모두 죽어야 끝나는 잔혹한 게임입니다. 이 게임에는 12개의 구역에서 남녀 한 쌍씩 추첨에 의해 뽑힌 24명이 참가합니다. 이렇게 추첨된 사람을 '조공'이라고 부릅니다. 원래 조공은 종속국이 종주국에게 정기적으로 바치는 예물을 뜻하지만 여기서는 12개 구역에서 매년 추첨된 소년 소녀 한 쌍을 칭합니다.

정부는 12개 구역을 항상 감시할 뿐만 아니라 헝거 게임을 리얼리티 쇼처럼 생중계하여 그들의 막강한 힘을 마음껏 과시합니다. 특히 게임 중에는 게임 시작 전에 참가자들의 오른 팔에 위치추적 장치를 장착하여 그들이 어디에서 무엇을 하는지, 살아 있는지 죽어가는지를 매순간 전 지역에 생중계합니다. 이때 헝거 게임을 보는 세 가지 시선이 구분됩니다. 캐피톨 시민의 시선, 12개 구역 시민의 시선, 게임 운영을 지시하는 권력자의 시선은 서로 다릅니다.

캐피톨 시민들에게 헝거 게임은 흥미진진한 리얼리티 쇼이며 일년 중 가장 즐거운 축제입니다. 아무런 볼거리가 없는 날에는 흥미를 이끌기 위해 일부러 기상 변화나 주변 환경을 열악하게 만들고 돌연변이 괴물을 풀어놓기도 합니다. 캐피톨 시민들에게 헝거 게임은 오락 프로그램처럼 즐거운 볼거리입니다. 이들은 재미삼아 여러 번 반복해서 보고 게임이 끝나면 게임장을 찾아 즐기게 됩니다. 어디까지나 자발적으로 즐기기 위해 보는 것입니다.

그러나 캐피톨 시민과 달리 12개 구역의 시민들은 자신들의 자식이 죽어가는 것을 스크린을 통해 생생하게 지켜보아야 하기 때문에 매우 고통스러워합니다. 이것을 노동에 지친 12개 구역 시민들에게 강제적으로 보게 하는 데는 이유가 있습니다. 정부는 죽음의 공포를 이용하여 시민들을 효과적으로 길들이고 통제할 수 있다고 생각하기 때문입니다. 이들에게 헝거 게임은 오락과는 정반대의 고통이자 강제된 권력 학습의 시간입니다.

또한 이 게임을 운영하고 지시하는 권력자의 눈은 철저히 감시의 눈입니다. 감시를 통해 어떻게 효과적으로 권력을 이용할 것인지를 계산하고 권력의 공포를 무의식에 심어주려는 의도가 잘 반영되고 있는지를 살피게 됩니다.

감시가 힘, 권력과 밀접하게 관련 있다는 것은 우리가 모두 잘 알고 있습니다. 선생님이 지켜볼 때와 그렇지 않을 때 학생들의 행동은 틀림없이 다르니까요. 면접관 앞에 서는 취업 준비생의 경우도 마찬가지입니다. 자신의 걸음걸이, 손동작 하나까지 어떻게 보일까가 몹시 신경 쓰이겠지요. 하물며 나에 대해 큰 힘을 행사할 수 있는 권력자가 지켜본다고 할 때는 얼마나 두렵겠어요. 모든 권력자가 그렇지는 않지만 대부분의 권력자는 자신의 힘을 사람들에게 과시하여 복종하게 만들거나 사람들의 행동을 감시하고 통제하는 사람입니다. 과거에 권력자가 자신의 힘을 과시하는 방법 중 하나가 공개처형이었습니다. 공개처형은 권력자의 힘을 많은 사람들 앞에서 과시하고,

공포를 통해 복종을 이끌어내는 수단이었습니다. 오랜 시간을 들여 건설한 화려한 왕궁과 수만 명 병사들의 열병식 또한 권력자의 막강한 힘을 과시하는 수단이었습니다. 이러한 시대에 권력자는 자신의 힘을 보여주는 사람이었습니다.

그런데 차츰 절대 권력의 약화로 공개처형과 같은 제도를 유지하기 어려워지자 권력자들은 자신의 힘을 드러내지 않는 방법으로 행사하기 시작했습니다. 이제 권력자는 '보여주는 사람'에서 '보는 사람'으로 바뀌게 되어 시선의 전도가 일어납니다. 이처럼 보고 보이는 관계는 역전되었지만 힘의 관계는 변함없습니다. 권력자는 힘을 행사하기 위해 시민을 감시하는 사람이고, 시민은 자발적 의지에서가 아니라 감시의 대상으로서 어쩔 수 없이 보여주는 사람이 되어버립니다.

18세기 영국의 철학자 제레미 벤담은 완벽한 감시 장치로 원형감옥을 제안했습니다. 이 감옥의 이름은 그리스어 'pan opticon(다 본다)'에서 따온 '파놉티콘'입니다. 이 원형감옥은 단 한 사람의 시선으로 모든 방에 갇힌 죄수들을 다 볼 수 있게 설계되었습니다. 당시에도 감시를 위한 건축물이 없었던 것은 아닙니다. 병원이나 공장에서 방사형 원형 건물이 있어 중앙 감시를 효과적으로 이용하고 있었습니다. 방사형으로 배치된 건물들 안쪽 마당 중심에는 높은 건물이 들어서 있고, 이 건물에서 모든 명령이 지시되고 각 건물 안에서의 동향을 단속하고 감시할 수 있었습니다. 사실 이러한 원형 건물은 루이 14세의 베르사이유 동물원에도 있습니다. 왕이 중앙 건물 2층에서

제레미 벤담(Jeremy Bentham, 1748-1832)

제레미 벤담은 영국 철학자이자 법률가였으며, 사회개혁가이기도 했다. 그는 '최대 다수의 최대 행복'을 도덕 원칙으로 삼는 공리주의를 주장했다. 여기서 행복은 측정 불가능한 모호한 개념이 아니라 감각적으로 측정 가능한 쾌락에 가깝다. 이 원칙을 바탕으로 벤담은 당시에는 혁신적이었던 표현의 자유, 양성 평등, 동물의 권리 등을 주장했다. 그리고 이러한 공리주의를 실현하기 위해 법률을 통한 구체적인 개혁안을 제시했다. 파놉티콘의 설계도 그 개혁안 중 하나이다.

창밖을 한 번 둘러보면 방사형으로 만들어진 각 우리 안에 있는 동물들을 한눈에 모두 볼 수 있었습니다. 그때는 이러한 원형 건축물이 사람을 감시하기 위한 장치가 아니라 동물을 관람하기 위한 것이었습니다.

과거에는 감옥이라는 특수한 상황에서만 감시가 이루어졌지만 오늘날에는 안전을 이유로 사회 전체가 감시의 대상이 되어가고 있습니다. 우리는 엘리베이터, 지하철, 버스, 학교나 회사 등등에서 끊임없이 CCTV 카메라에 노출되어 있습니다. 범죄를 예방하고 범죄가 일어나면 범죄자를 찾기 위한 보안장치라지만 누가 어떻게 이용할지 모르니 신경 쓰이지 않을 수 없습니다.

3 역감시의 힘

《헝거 게임》의 주인공 캣니스는 광부였던 아버지가 돌아가신 후 법으로 금지된 사냥을 하며 어머니와 여동생을 돌보는 16세 소녀입니다. 캣니스는 헝거 게임에 참가할 조공 추첨에서 동생이 뽑히자 동생을 대신하여 조공을 자원할 정도로 동생을 사랑합니다. 캣니스와 함께 조공으로 추첨된 인물은 캣니스를 혼자 짝사랑해온 피타입니다. 그는 캣니스가 아버지를 잃은 후 얼마 되지 않았을 때 무기력하게 굶주리며 절망에 빠져 있는 그녀에게 일부러 빵을 조금 태운 후 그 빵을 건네준 빵가게 아들입니다. 헝거 게임이 리얼리티 쇼로 방송될 뿐만 아니라 게임 중 후원자가 참가자에게 필요한 물품들을 선물로 줄 수 있기 때문에 게임 참가자들이 캐피톨 시민들의 관심과 사랑을 받는 것은 생존과 직결된 중요한 일입니다. 그래서 캣니스는 주변의 조언대로 캐피톨 시민으로부터 관심을 받기 위해 카메라 앞에서는 피타와 연인 행세를 합니다. 그녀의 연기 덕분에 캣니스와 피타는 위기의 순간을 여러 번 넘기게 됩니다.

사실 독재 정부는 12구역에서 살고 있는 캣니스가 불법 사냥을 하고 있다는 것도 알고 있고, 피타에 대한 감정이 연기라는 것도 알고 있고, 정부에 대한 반감을 갖고 있다는 것도 알고 있습니다. 감시를 통해 이 모든 것을 알고 있는 독재 정권에 맞서 캣니스가 할 수 있는 것은 무엇일까요? 캣니스와 피타가 둘 다 살아서 고향으로 돌아갈 수 있는 방법은 기존 게임의 룰에서는 가능하지 않습니다. 마지막 생존자 한 명만 남을 때까지 싸우는 것이 헝거 게임의 규칙이기 때문입니다.

캣니스는 피타와 연인 행세를 한 덕분에 캐피톨 시민들의 뜨거운 관심을 받게 되고, 헝거 게임의 진행자는 시청자들의 흥미를 위해 게임의 규칙을 조정하여 같은 구역 출신인 경우 두 사람을 승자로 인정하겠다고 선언합니다. 캣니스와 피타의 연애에 매혹된 시민들을 위해 규칙을 변경한 것입니다. 이 새로운 규칙에 힘입어 캣니스와 피타가 죽을 고비를 몇 번이고 넘기며 더욱더 협력하여 다른 모든 구역의 참가자들을 물리치고 끝까지 남았을 때 게임 진행자는 또 다시 앞서의 새로운 규칙을 되돌려 두 사람 중 한 명만이 우승자가 될 수 있다는 원래의 규칙으로 되돌립니다. 심하게 부상당한 피타는 캣니스에게 자신을 어서 죽이라고 하지만 캣니스는 그렇게 하지 않습니다. 그렇다고 고향의 가족을 저버리고 피타의 손에 죽기를 자청하지도 않습니다. 캣니스는 자신과 피타가 캐피톨 시민들에게 관심거리로 보여지고 있다는 것을 이용하기로 합니다. 보여지고 있는 것을 역이용하여 보고 있는 권력자를 조정하는 전략을 생각해내는 것입니다. 비련의 연인이 된 상황을 연상시켜 시청자들의 마음을 사로잡기 위해 두 사람은 독이 든 산딸기 한 줌을 서로 나누어 입에 넣는 장면을 연출합니다.

그런데 캣니스와 피타가 동시에 각자의 손에 쥔 독 딸기를 입에 막 넣으려는 순간, 게임 운영자는 둘 중 한 명만 승자가 될 수 있다는 원래의 규칙을 뒤집고 두 사람 모두를 74회 헝거 게임의 우승자로 인정하게 됩니다. 두 사람을 모두 우승자로 인정해주는 것이 정부의 원래 의도는 아니었습니다. 헝거 게임이 늘 그래왔듯이 마지막까지 살아남은 두 조공인들이 서로 잔혹하게 죽이고 한 명의 우승자만 남기는 것이 원래의 계획이었지만 캣니스와 피타가 둘 다 우승자가 되기를 거부하고 서로의 사랑을 위해 함께 자살을 선택하자 어쩔 수 없이 둘 다 우승자로 인정해준 것입니다. 우승자 없이 끝나는 헝거 게임은 실패한 게임이 될 것이고, 이미 많은 관심과 사랑을 불러온 캣니스와 피타가 동반 자살을 하게 된다면 게임 운영과 정부에 대한 비난이 쏟아질 것이라고 예상했기 때문입니다. 한낱 조공일 뿐인 캣니스가 권력자의 꼭두각시 역할을 전환시켜 스스로의 주체성을 되찾고 부당한 권력을 이겨낸 것입니다. 감시의 시선을 역이용해 감시자를 통제하는 힘을 발휘한 것입니다.

이러한 역발상의 전환은 오늘날에도 가능합니다. 오늘날은 전자통신기술의 발달로 일방적인 감시의 시대를 넘어섰습니다. 예컨대 권력의 횡포를 시민이 목격하였을 때 그것을 동영상으로 기록하여 유포할 수 있습니다. 권력 남용에 대한 시민들의 비판이 거세지면 권력 남용을 다소나마 막을 수 있습니다. 권력자가 시민을 감시하는 도구를 역으로 이용하여 시민이 권력을 감시하는 것이기에 이를 '역감시'라고 합니다. 이러한 활동을 시민 개인이 아니라 언론이나 시민단체와 같은 제삼자가 개입하여 할 수도 있습니다. 과거에는 소수 권력자만이 다수를 감시했다면 언론과 통신기술이 발달한 후에는 다수가 소수의 권력자를 감시할 수 있게 되었습니다. 이렇게 다수가 소수 권력자를 감시하는 것이 가능해진 상황을 'syn(동시에)'이라는 접두사를 붙여 '시놉티콘(Synopticon)'이라고 합니다.

캐피톨에는 권력을 감시하고 견제하는 언론기관이 없습니다. 민주주의가 발달해야 언론기관이 권력을 감시할 수 있습니다. 캣니스는 열악한 상황에서 자신을 감시하고 있는 카메라를 역이용하여 자신을 지킬 수 있는 도구로 전환하고, 권력자의 잔혹한 판단을 뒤집었다는 점에서 지혜롭고 강인한 인물입니다. 《헝거 게임》은 절망을 희망으로 전환하는 힘을 보여줍니다. 막강한 권력의 힘에 저항하는 캣니스는 어떤 상황에서도 헤쳐 나갈 방법이 있다는 지혜를 말해주고, 그 지혜를 실행하는 용기를 보여줍니다. 아무리 어려운 상황도 그에 굴하지 않고 저항할 수 있는 방법은 있습니다. 그것은 의지의 문제이고, 지혜의 문제입니다. 어려운 상황에서 힘들다고 굴복해버리는 것은 비겁하거나 무지한 선택입니다.

9장

모든 것이 완벽하지만,
사생활이 없다면?

《**기억 전달자**》(로이스 로리 지음, 장은수 옮김, 비룡소)

 《기억 전달자》는 어떤 내용일까?

조녀스가 사는 마을은 언뜻 보기에 완벽한 사회입니다. 마을에 사는 모든 사람이 평등한 관계를 유지하고, 거짓말도 하지 않습니다. 누가 더 잘 살거나 더 똑똑하다고 으스대는 사람도 없고, 날씨마저 항상 쾌적한 상태로 유지되어 천재지변을 걱정할 일도 없습니다.

그런데 이러한 평온함을 유지하기 위해서는 수많은 규칙이 필요합니다. 구성원의 외모와 의복, 식사량이 통제됩니다. 뿐만 아니라 사춘기 이후에는 감정을 억제하는 주사를 아침마다 맞아야 합니다. 자신이 원하는 사람과 결혼하는 것이 아니라 위원회에서 지정해준 사람과 가정을 꾸려야 합니다. 물론 자식도 자신이 직접 낳은 아기가 아니라 위원회에서 배정받은 아기를 키워야 합니다. 출산은 마을의 엄격한 통제 아래 한 해에 50명으로 제한됩니다. 아이들은 위원회가 지급한 통일된 복장을 입고, 12세가 되면 정해진 진로 교육을 받게 됩니다. 마을 사람들 간에 사랑이라는 감정은 존재할 수 없습니다.

12세가 되어 구성원의 자격을 얻은 조녀스는 '기억 보유자'라는 직업을 지정받습니다. 기억 보유자는 원로 위원 중 한 명인 '기억 전달자'로부터 사라진 먼 옛날의 기억을 건네받아 간직하고 있다가, 위원회가 중요한 결정을 할 때 자문을 구하면 그 기억에 의거해 조언을 해주는 역할을 합니다. 기억 보유자가 건네받는 기억은 지금의 평온한 마을이 생기기 전에 존재했던 일들에 대한 기억입니다. 조녀스는 그 기억들을 건네받으며 지금껏 마을의 통제로 인해 알 수 없었던 다양한 감정들을 느끼며 마을의 규칙과 운영 원리에 의문을 품습니다.

그러던 중 조녀스는 은퇴의 개념쯤으로 생각했던 '임무 해제'가 사실은 주사를 통한 실질적인 살인이라는 사실을 알게 되며 충격에 빠집니다.

누군가로부터 상처가 되는 말을 듣는다면 불쾌한 감정이 들겠지요? 그런 말을 한 사람들은 자신이 남에게 상처를 준 줄도 잘 모릅니다. 상처를 준 사람이 윗사람일 경우엔 내 기분을 속 시원하게 드러낼 수도 없습니다. 그런데 만약 사람들 사이에 불쾌한 말이나 거짓말을 일체 하지 않고, 행동 또한 친절하게 한다면 얼마나 좋을까요? 어른이라고 아이에게 함부로 말하거나 혼내지 못하는 것은 물론이고 혹시라도 잘못을 저지르면 누구든 즉각 자신의 잘못을 사과하는 세상 말입니다. 《기억 전달자》의 마을이 바로 그렇습니다. 세상에서 이보다 더 평화로운 마을은 없을 것입니다. 이러한 평화는 마을의 모든 사람들이 평등하기 때문에 가능합니다. 누구는 더 잘 먹고, 더 잘 입고, 더 좋은 집에 사는 것이 아니라 모두가 필요한 만큼 평등하게 똑같은 조건에서 생활합니다. 뿐만 아니라 이 마을의 모든 일들이 늘 같은 상태를 유지하고 있어서 예측하지 못할 두려움이나 불안도 없습니다. 날씨마저 눈이 오거나 비가 오거나 흐린 날 없이 늘 쾌적합니다. 그러다 보니 걱정할 일도, 비교할 일도, 속상할 일도 없이 평화가 지속되어온 것입니다.

 ## 1 평화를 위해 철저히 통제된 마을

평화를 지키기 위해서는 사실 많은 것들이 미리 계획되어 예측하고 통제할 수 있어야 합니다. 《기억 전달자》에 나오는 마을은 한 해에 정확히 50명의 아이를 출산하도록 하고 모든 집안에 남자아이와 여자아이 한 명씩을 배정합니다. 이를 위해서는 사랑하는 남녀가 만나 성행위를 통해 아이를 낳는 것이 아니라 위원회가 적절한 시점에 서로 잘 맞는 남녀를 검토하여 배우자로 정해주고 위원회가 그 해 태어난 아이들을 잘 양육하였다가 1년째 되는 12월에 입양할 준비가 된 가정에 아이를 배정해줍니다. 위원회는 모든 아이들의 행동을 세심히 잘 관찰하고 기록하였다가 12세가 이 되는 12월에 아이의 적성에 가장 잘 맞는 일을 정해줍니다.

그런데 이 소설의 주인공 조너스는 12세가 되는 12월이 다가와도 자신에게 어떤 일이 주어질지 감을 잡을 수 없습니다. 스스로 희망하는 일이 있는 것도 아닙니다. 그런 조너스에게 주어진 일이 '기억 보유자'입니다. 기억 보유자는 원로 위원 중 한 명인 '기억 전달자'로부터 사라진 먼 옛날의 기억을 건네받아 간직하고 있다가 위원회가 중요한 결정을 할 때 자문을 구하면 그 기억에 의거해 조언을 해줍니다. 그런데 사실 이 마을에는 10년 전에 기억 보유자로 정해졌던 한 소녀가 스스로 자신의 일을 '임무해제'하는 바람에 마을 사람들이 큰 충격에 빠진 적이 있다고 전해집니다. 본래 '임무해제'는 본인이 아니라 위원회가 결정하는 것입니다. 태어난 아이에게 장애가 있거나 노인이 더 이상 거동이 힘들어지거나 범죄를 세 번째 저지른 경우 위원회가 '임무해제'를 결정하는데 그것은 더 이상 이 마을에 머물지 못하는 것을 의미합니다. 그런데 10년 전, 중요한 임무를 맡은 '기억 보유자'가 자신의 임무를 스스로 해제했으니 이런 사태를 전혀 예측할 수 없고 대비하지 못했던 마을 사람들로서는 한동안 큰 혼란을 겪을 수밖에 없었던 것입니다.

'기억 보유자'는 마을 사람들과 달리 자신의 집에 엄청난 양의 책들을 가지게 되고, 거짓말이 허용되는 매우 큰 특혜를 받게 되지만 다른 어떤 일을 하는 사람보다 고독합니다. 기억 전달자로부터 전달받은 기억들을 다른 사람에게는 비밀로 하고 살아야 하기 때문입니다. 조너스가 전달받은 기억들은 언덕에서 눈썰매를 타거나 크리스마스 때 모인 온 가족이 행복한 시간을 보내는 것에서부터 전쟁과 굶주림과 같은 고통스러운 것에 이르기까지 다양합니다. 그런 기억은 이 마을이 생기기 전의 일들입니다. 그러니까 기억 보유자의 기억은 모든 것이 정돈되고 늘 한결같은 평화를 이루기 전 과거 역사에 있었던 것입니다. 이와 같은 과거 사건들의 기억은 기억 보유자 혼자서 지니고 삽니다. 늘 한결같은 평화로움을 지키기 위해 마을의 한 사람만이 역사의 사건과 감정을 기억하고 나머지 사람들은 현재에 집중하며 흘러가버린 고통스러운 기억으로부터 차단되어 평화롭게 사는 것입니다. 그런 점에서 조너스는 마을을 위한 희생양인 셈입니다.

2 과거는 미래를 위한 참고서일까, 내 발목을 잡는 덫일까?

조너스가 전달받은 기억은 자신이 직접 경험한 것이 아닙니다. 과거의 사람들이 겪은 기쁨과 슬픔, 환희와 고통, 풍요로움과 결핍에 대한 기억입니다. 과거의 사람들이 경험한 것을 기록한 것이 역사입니다. 소설 속 마을에는 역사라는 것이 존재하지 않고, 오로지 현재만이 있습니다. 늘 한결같음을 유지하고 현재의 안정되고 평화로운 생활에 만족하며 살기 위해서는 과거의 기억이 방해가 되기 때문입니다.

그렇다면 과연 과거의 기억, 역사가 필요한 것일까요? 역사가 필요하다는 것에는 대부분 동의할 것입니다. 과거를 알아야 현재를 이해할 수 있고, 미래를 잘 준비할 수 있을 테니까요. 과거의 잘못을 바로잡는 것 또한 현재와 미래를 위한 것이기도 하고요. 그런데 과거의 기억 중 어떤 부분은 의도적으로 망각해야 한다고 주장하는 사람들이 있습니다. 제2차 세계대전이 끝난 1946년 영국 수상 윈스턴 처칠은 취리히 연설에서 적대적이었던 국가들 사이의 '망각의 신성한 행위'를 호소했습니다. 과거를 잊고 새로운 평화의 역사를 쓰자는 의미였습니다. 고대 로마의 마르쿠스 키케로는 율리우스 카이사르를 암살하고 이틀 후에 "불화에 대한 모든 기억은 영원한 망각으로 지워버려야" 한다고 연설했습니다. 나쁜 과거에 대한 기억, 그에 따른 분노와 복수심이 내면적 평화를 위협하기 때문에 망각이 새로운 역사의 전제조건으로 인식되는 것입니다. 그러나 우리가 무엇을 기억하고 무엇을 망각할지를 의도적으로 선택할 수 있는지는 의문입니다.

한편 현재를 중시하는 사상가들은 과거 역사보다는 현재 지금, 여기가 더 중요하다고 말합니다. 19세기의 독일 철학자 쇼펜하우어는 현재를 전통적인 구분법으로 보지 않습니다. 전통적 시간 구분법에 의하면 현재는 지나간 시간으로서의 과거와 앞으로 다가올 시간으로서의 미래 사이의 중간 지점에 있는 시간 개념입니다. 일반적으로 현재는 과거와 미래를 가르는 기준점으로서 시간에 대한 성찰을 할 때 중심이 되며, 모든 시간의 균형추라고 생각합니다.

쇼펜하우어는 현재를 시간의 한 범주로 보기보다 마치 시간과 무관하거나 시간의 범주를 벗어난 독립적인 형식으로 생각합니다. 현재는 시간의 흐름 안에 있는 존재가 아니라 시간의 흐름과 상관없이 독립적으로 존재한다고 보는 것입니다. 그는 과거와 미래는 단순한 개념들과 환영들만 있지만 현재는 언제나 존재하는 것, 확고부동한 것, '지속하는 지금'이고, 우리가 살아가고 있는 삶에서 현재만큼 확실한 것은 없다고 주장합니다. 현재를 예찬하는 쇼펜하우어의 주장은 다음과 같이 확고합니다. "우리는 미래를 위한 여러 계획이나 걱정으로 마음을 빼앗기는 대신, 또는 과거에 대한 향수에만 사로잡히는 대신, 현재만이 유일하게 현실적이고 확실하다는 사실을 결코 잊어서는 안 된다. 반면 미래는 거의 언제나 우리가 생각하는 것과는 다른 결과로 나타나고, 과거 역시 우리가 생각하는 것과는 달랐다. 그것도 둘 다 대체로는 겉으로 드러난 것보다 훨씬 덜 중요한 방식으로 말이다. 왜냐하면 먼 거리는 육안으로 볼 때 사물을 축소해서 보여주지만, 사유할 때는 오히려 이를 확대해서 보여주기 때문이다. 현재만이 유일하게 참되며 현실적이다. 현재는 현실로 가득 찬 시간이고, 오직 그 현재 안에 우리의 존재가 놓여 있다. 따라서 우리는 현재를 언제나 쾌활한 마음으로 맞아들여야 한다." 이 말은 바로《기억 전달자》의 마을을 기획한 사람들의 생각과 일치합니다. 오직 현재에 만족하고 행복한 마음을 유지하여 평화를 누리려는 것입니다.

쇼펜하우어에게는 아무리 무의미하고 하찮게 느껴지는 현재라 하더라도 그것은 중요하고 의미 있는 과거보다 더 소중한 것입니다. 객관적으로 남들이 보기에 제아무리 엄청나게 중요한 과거의 일이라 할지라도 그것이 나에게 닥친 전혀 별 볼 일 없어 보이는 현재의 일보다 더 중요할 수는 없다는 것입니다. 6 · 25 전쟁이 아무리 중요한 역사적 사건이라 해도 지금 당장의 코앞에 닥친 기말고사보다는 덜 중요하다는 것이지요. 그러니 전쟁의 아픔을 기억하는 것보다 시험을 잘 보기 위해 마음의 평정을 잘 유지해야 하는 것입니다. 현재를 충실하게 살아가기에도 바쁜데 이미 죽어 없어진 사람들의 기억, 더구나 그 기억이란 것이 언제나 정확히 객관적인 것을 그대로 재현하는 것도 아니라는 점에서 누군가에 의해 상상과 거짓과 허구가 섞여 있는 과거에 매일 필요는 없다는 것입니다.

니체 또한 과거의 역사에 대해 비판하는 철학자입니다. 니체는 우리가 과거의 역사를 대하는 세 가지 방식을 제시합니다. 그 첫째가 기념비적 방식입니다. 과거의 위대한 것을 고찰함으로써 새로운 일을 시도할 힘을 얻는 것입니다. 위대한 것을 창조하려는 인간은 기념비적 역사를 통해 과거를 소유하는 셈입니다. 그러나 기념비적 역사가 현재의 삶에 너무 큰 영향을 주게 된다면 서로 다른 수많은 사람들의 삶을 유사하게 만들고 일반화해 결과적으로 새로운 역사를 창조하는 데 방해가 된다고 합니다. 위대한 과거 행위의 결과만 박제로 만들어 전시하고 그러한 행위에 이르게 한 동기와 주제를 망각하기 때문입니다.

두 번째는 골동품적 방식입니다. 현재 삶을 긍정하고 인정하기 때문에 현재를 가능하게 만든 과거를 보존하고 존경하는 태도입니다. 현재는 과거로부터 생성되었다는 점에서 현재를 생성시킨 과거 삶의 조건을 미래 세대를 위해 보존하려는 것이 골동품적 역사관입니다. 그러나 자칫 과거의 개별적인 것을 지나치게 중시함으로써 역사의 숲을 보지 못할 수도 있습니다. 이런 역사를 지나치게 중요시하면 생성 중인 새로운 것을 거부하고 적대시하게 됩니다.

세 번째는 비판적 방식입니다. 니체는 인간이 현재의 삶을 살기 위해서는 과거를 파괴하거나 해체할 힘을 가져야 한다고 주장합니다. 니체에게 과거를 비판할 수 있는 유일한 잣대는 삶 자체입니다. 과거가 현재의 삶에도 도움이 되기는커녕 오히려 해를 끼친다면, 과거의 기억을 떨쳐버릴 수 있어야 합니다. 삶은 그 자체가 생성 과정인데도 과거의 기억이 삶을 경직시키고 정지시킬 수 있기 때문입니다. 생겨나는 모든 것은 소멸할 만한 가치가 있다고 합니다. 과거의 모든 일이 기억된다면 결코 새로운 일이 생겨날 수 없습니다. 그래서 생겨난 모든 일은 망각될 가치가 있다는 것입니다.

요즘 우리는 기억을 소중하게 여깁니다. 망각은 병이거나 실수에 해당하는 것이지요. 치매는 노년의 두려운 병 중 하나이고, 건망증도 뭔가 심각한 문제를 일으킬 가능성이 높은 것으로 경계해야 할 증상입니다. 중요한 시험을 앞둘 때에는 기억력을 증진시키기 위해 노력하고 잘 기억하기 위해 다양한 방식으로 기록해둡니다. 그러나 쇼펜하우어와 니체의 주장을 고려하지 않더라도 망각이 그리 나쁜 것만은 아니라는 생각이 듭니다. 모든 것을 기억하기만 하고 전혀 망각하는 것이 없다면 그 또한 괴로운 일임에 틀림없습니다. 무엇보다 망각은 새로운 기억을 위해 중요합니다. 모든 것을 기억하는 병을 지닌 환자의 경우, 말과 행동이 매우 산만하며, 개념에 대해 논리적으로 유추하는 데 어려움을 겪고 개념 자체를 형성하거나 추상적 기억을 구성하지도 못합니다. 중요하지 않은 정보와 중요한 정보가 구별되지 않고 머릿속에 뒤엉켜 제대로 생각할 수 없는 바람에 현실과 가상을 구분하지 못하고, 과도한 상상과 환각으로 심각한 정신질환을 겪는 경우입니다. 이는 기억과 정확한 인지 과정, 정신 건강을 위해 적절한 망각이 중요함을 보여주는 사례입니다. 그 밖에도 가족이나 친구 사이에서 서로의 실수를 망각하지 못하고 죽을 때까지 기억하는 것은 괴로운 노릇입니다. 진심으로 서로를 위한다면, 잊어주길 바라는 과오는 망각해주는 것이 최고의 선물일지도 모릅니다.

그렇다고 우리는 아무런 기억 없이 모든 것을 망각하고 살아가기를 원하지는 않습니다. 《기억 전달자》의 마을에서처럼 과거의 모든 역사를 모두 망각하기를 바라지도 않습니다. 필요하고 중요한 것은 기억하고 그렇지 않은 것은 망각하는 편이 좋습니다. 그러나 인간이 스스로 그것을 자유롭게 선택할 수 없다는 점에 어려움이 있습니다. 기억과 망각의 균형을 잘 잡는 것이 중요할 텐데, 어떻게 해야 그것이 가능할까요? 삶은 기억과 망각의 건강한 관계를 요구합니다. 그렇다면 현재 관점에서 과거를 재구성하는 방식이 필요합니다. 현재 삶을 인정하고 정당화하려면 그것을 있게 한 과거와 현재를 이어줄 수 있어야 합니다. 그리고 과거의 것을 잘 기억하고 기려야 합니다. 반면 현재 삶을 극복하고 새로운 삶을 시도하려면 현재의 부정적 형태를 초래한 과거의 문제를 비판적으로 볼 수 있어야 합니다. 과거의 고통을 잊을 수 있다면 좋겠지만 잊는다고 그 고통이 다시 반복되지 않는 것이 아니니 차라리 비판적으로 이해하고 수용해야 할 것입니다. 그렇다면 조너스가 해야 할 진짜 역할은 모든 역사적 고통을 혼자 짊어지는 마을을 위한 희생양이 아니라 마을의 새로운 역사를 위한 구원자일 것입니다. 그리고 조너스가 간직하게 된 역사적 사실과 기억을 마을 사람들에게 전달하고 현재 마을의 안정과 평화가 어떻게 이루어진 것이며 앞으로 어떻게 발전시켜야 할지를 함께 고민해야 하지 않을까요?

 ### 숨길 게 없으면 된다?

감시와 통제의 전체주의 사회를 그리고 있는 조지 오웰의 《1984》처럼 《기억 전달자》에서도 스크린과 스피커를 통한 감시가 만연합니다. 뿐만 아니라 가족 구성원들의 상호 감시 역시 마찬가지입니다. 《1984》가 어둡고 강압적인 전체주의라면 《기억 전달자》는 밝고 부드러운 전체주의라는 점에서 겉모습만 다를 뿐입니다. 조너스는 12세가 되기 전까지는 자신이 살고 있는 마을에 문제가 있다는 의심을 품어본 적이 없습니다. 법무부에 있는 어머니와 보육사 아버지,

여동생 릴리와 평화롭게 지내고 있었으니까요. 그런데 조너스는 자신의 마을에 뭔가 문제가 있다는 것을 느끼게 됩니다. 그 첫 번째가 마을의 모든 것이 감시받고 있다는 것입니다. 이 마을에서는 모두가 친절하게 행동하고 정확한 언어를 사용해야 합니다. 스피커와 스크린이 마을 곳곳에 있어서 그렇게 행동하지 않는 경우, 즉시 공개적으로 경고합니다. 스크린이나 스피커만 감시하고 있는 것이 아닙니다. 심지어 밤사이에 꾼 꿈이나 하루에 대한 자신의 느낌에 대해서조차 가족 모두 앞에서 솔직하게 말하는 것이 의무입니다. 어느 날 사춘기에 이른 조너스가 여자 친구를 갈망하는 꿈을 꾼 것을 말하자 어머니는 성욕을 억제하는 약을 주면서 앞으로 계속 아침마다 약을 먹어야 한다고 말합니다. 이 마을의 모든 성인들처럼 말입니다.

오늘날 우리 사회에서도 심각한 성범죄자에게 화학적 거세를 해야 할 것인지 말 것인지를 두고 논의하긴 합니다. 그러나 대부분의 사람들이 정상적으로 갖는 성욕에 대해서는 그것을 비난하거나 강제로 약을 먹여 통제하려 하지는 않습니다. 사회 범죄를 일으키지 않는 한 자연스러운 욕구이고 매우 사적인 감정이기 때문이지요. 그런 감정이 생기더라도 남들에게 자신이 느낀 감정을 모조리 말해야 하는 것도 아닙니다. 자기 자신만의 감정을 간직하고 어느 누구의 방해나 간섭을 받지 않는 것, 그런 것을 사생활이라고 합니다. 그런데 만약 혼자만 간직하고 싶은 은밀한 감정조차 감시당하고 통제받는다면 어떻게 될까요? 아무 거리낌 없는 행동을 하더라도 불편하고 숨이 막힐 것 같습니다. 만약 교실에 카메라가 설치되어 누군가 아무 때나 수업을 감시할 수 있게 된다면 학생과 교사는 자신의 양심에 따른 의견을 자유롭게 표현하지 못하고 진심을 다해 소통하지 못할 것입니다.

현재 우리 사회는 점점 사생활의 영역이 줄어들고 있습니다. 미국의 경우 9·11테러 이후 사회 감시가 철저해지고 있습니다. 사람들은 더 안전해질 수 있다면 어느 정도의 사생활은 기꺼이 포기해야 한다고 생각하고, 숨길 것이 없다면 정부가 감시한다고 해서 걱정할 필요가 없다고 말합니다. 테러의 공포가 커짐에 따라 사생활과 사회 안전을 둘러싼 논쟁에서 사회 안전을 사생활 보장보다 더 우위에 두는 경향이 있습니다.

그러나 사생활을 보호해야 한다는 생각은 아주 오래된 역사를 갖습니다. B.C. 1750경에 세워진 고대 바빌로니아의 함무라비법과 고대 로마법에도 무단가택침입을 금지하고 있습니다. 고대 히브리인들은 부당한 감시를 금지하는 법을 만들었습니다. 영국에서는 15세기 말에 무단 가택 침입뿐 아니라 엿듣기 행위도 금지했습니다. 1769년 윌리엄 블랙스톤이라는 법학자는 엿듣기를 집의 벽이나 창문 뒤, 처

프라이버시(Privacy)

프라이버시는 개인에게 자유 공간을 제공하는 도덕적 보호 장벽이다. 프라이버시는 개인이 속해 있는 두 세계를 구별하는 장벽에 의해 설정되고 보호된다. 이 장벽은 사람들 사이의 거리를 확보하고, 공격과 간섭으로부터 사람들을 보호한다. 프라이버시 장벽 안에서 우리는 공론 영역에서 다른 사람들의 기대와 간섭에 대응하기 위해 무장했던 무기들을 내려놓을 수 있다. 프라이버시가 보장되는 집에서 우리는 거추장스러운 정장을 벗어던지고 내복 바람으로, 또는 벌거벗은 채 돌아다닐 수 있다.

3부 자유롭고 싶은 너에게

마 아래서 귀를 기울여 남의 대화를 듣고 그것을 토대로 악의적인 이야기를 만들어내는 행위라고 정의했습니다.

그러나 오늘날 테러의 공포가 확산되자 감시에 대해 관대해지고, 감시는 잘못한 것이 있는 사람이나 걱정할 일이라는 생각이 만연해 있습니다. 과연 '숨길 게 없으면 된다'라는 말로 누군가의 사생활 침해를 정당화할 수 있을까요? 그런데 바로 이 '숨길 게 없으면 된다'라는 말에 허점이 있습니다. 이 말은 사생활이 '나쁜 것'을 숨기는 것, 또는 비밀이라는 것을 전제합니다. 이것은 잘못된 가정이지요. 사생활을 지킬 수 있다는 것이 꼭 비밀스런 나쁜 것을 숨기는 것은 아닙니다. 사생활은 인격과 자유, 주체성을 포함하고 있습니다. 그것은 나쁜 일이나 비밀과 전혀 상관없는 것들이지요. 조너스가 여자 친구를 그리워하는 꿈을 꾸는 것은 나쁜 것이 아니라 개인의 내밀한 감정일 뿐입니다. 또한 오늘날 흔히 생각하는 것과 달리 사생활을 보장하는 것이 사회의 안전을 위협하는 일도 아닙니다. 그것이 꼭 양자택일이거나 상충 관계가 아니라는 것입니다. 사생활을 희생시킨다고 사회가 더 안전해지는 것도 아니고, 사생활을 보장한다고 사회가 더 위험에 빠지는 것이 아닙니다. 9·11 테러 당시 비행기에서 테러를 막을 수 있는 가장 필요한 조치는 더 많은 사람들을 감청하고 감시하는 것이 아니라 비행기 조종실에 테러리스트가 못 들어가게 막는 것이었습니다. 테러리스트를 막는 것은 일반 사람들의 사생활을 마음껏 침해하는 것과는 아무 상관 없는 일입니다.

조너스는 기억을 전달받기 시작하면서 여러 감정에 대해 알게 됩니다. 그 감정들의 가치들에 새롭게 눈뜨면서 매일 아침 먹어야 하는 성욕 억제제를 스크린 앞에서는 먹는 척하지만 사실은 먹지 않습니다. 마을에서는 평화를 깨는 모든 감정을 제거하기 위해 사랑이나 성욕과 같은 격정적인 감정을 약으로 통제합니다. 그러나 조너스는 평화로운 감정보다도 자신에게 더 중요한 감정이 있고, 그것을 다른 사람에 의해 침해받지 않기 위해 노력해야 한다고 생각합니다.

다른 한편, 조너스는 사회 안정을 위해 마을에서 결정하는 일들에 심각한 문제가 있다는 것을 알게 됩니다. 조너스에게 가장 큰 충격은 '임무해제'가 실질적인 살인이라는 것입니다. 태어난 아이들 중에 장애가 있거나 발육이 늦은 아이들을 대상으로 임무해제를 행한다는 것이 실제로는 독극물을 주사하여 상자 속에 넣고 휴지통에 버리는 것임을 알게 되자 조너스는 분노합니다. 마침 보육사인 아버지가 발육이 늦고 잠투정이 심한 아이를 특별 허가를 받고 밤사이 집에 데려와 돌보고 있었는데 어느 날 위원회가 그 아이를 임무해제하기로 결정했다는 것을 전해 듣고 조너스는 아이와 함께 마을을 탈출하게 됩니다. 결국 사회의 안정을 위한다는 명분 뒤에는 비인간적인 통제가 있었던 것입니다. 겉으로는 친절과 예의와 정직으로 포장되어 있지만 사실은 잔혹하고 비인간적이고 거짓을 숨기고 있었던 것입니다. 이런 사회에서 사생활은 허용되지 않습니다. 개성 있는 다양한 개인은 예측이 안 되고 통제하기 어렵기 때문입니다.

만약 사회의 안정을 위해 사생활을 포기해야 한다고 주장하는 사람이 있다면 그는 사회의 구성원을 존중받아야 할 개별 인간으로 대우하는 것이 아니라 통제의 대상으로만 보는 것입니다. 통제가 쉽도록 예측하기 위해 필요한 것이 바로 사생활 감시입니다. 그렇다면 통제하는 사람의 예측 속에서 통제의 대상으로 살 것인지, 사생활을 보장받으며 개성을 존중받는 인간으로 살 것인지의 선택이 남습니다. 여기서 한 가지 놓쳐서 안 될 것은 사생활 감시가 반드시 사회의 안정을 높여주는 것은 아니라는 점입니다. 무분별한 사생활 감시는 그것을 감시하고 통제하는 사람에게만 유익한 것이지 감시받고 있는 사람들의 자유와 행복은 보장해주지 않습니다. 나아가 언젠가 개인의 정보가 부적합한 통치자나 기업에 넘어갈 경우 사회가 치러야 할 대가는 너무도 막대합니다. 그러니 장기적으로 볼 때 사생활 감시로는 사회 안정을 결코 보장받을 수 없으며, 인간성을 존중하는 사회에서는 사생활을 침해하면서까지 지켜야 하는 안정이란 없다는 결론에 이르게 됩니다. 개인의 인격과 개성, 자유를 지키기 위한 최소한의 기본권이 바로 사생활의 권리입니다.

사생활을 보장받는 것은 왜 중요할까?

《프라이버시의 철학》

우리는 분명 투명한 자유민주주의 사회에 살고 있습니다. 그렇다면 우리는 정말 자유로운 것일까요? 총체적 테러로 개인의 자유 공간을 파괴했던 전체주의처럼, 사회의 완전한 투명화도 프라이버시를 파괴해서 자유의 가능성을 없애버립니다. 그럼에도 우리는 자유 사회에 살고 있다는 현실적 착각으로 말미암아 프라이버시의 파괴를 제대로 인식하지 못하는 것처럼 보입니다.

전체주의의 종말과 함께 억압의 역사가 끝나지 않은 것처럼, 자유주의의 승리와 함께 프라이버시가 완전히 보장된 것은 결코 아닙니다. 모든 지배는 그 형식이 어떠한 것이든 개인의 자유를 위협합니다.

전체주의의 위험이 사라졌다고 생각하는 현대 사회에서 사람들은 "국가에 대한 보호가 아니라 국가를 통한 보호"를 찾습니다. 개인들은 자신의 삶이 위협받는다고 생각하면 더욱 더 강한 국가를 요구합니다. 개인을 위협하는 위험들이 강력하고 다양할수록 국가에 대한 국민의 요구 역시 강력하고 다양해집니다. 이런 관점에서 보면 간섭에서 자유로워지려는 소망보다 사회적 인정과 통합, 보호와 복지에 대한 소망이 훨씬 더 국민의 지지를 받습니다. 어쩌면 현대의 자유민주주의 사회에서 강력한 영향력을 행사하는 것은 "안전과 평등에 대한 동경이지 자유정신이 아닐지도" 모릅니다. 사회의 불안이 커질수록 국가의 간섭은 더욱 강력해지고, 그럴수록 개인적인 자유의 기회는 적어지기 때문입니다.

자유와 민주주의가 동일하지 않음을 인식할 필요가 있습니다. 자유는 다수결의 원칙을 통해 실현되지도 않으며, 기회의 평등을 의미하지도 않습니다. 정치 질서의 자유는 국가의 간섭, 이웃의 침해, 적의 공격으로부터 개인을 보호할 수 있는 장벽의 강도를 통해 측정될 수 있습니다. 이에 반해 민주주의는 근본적으로 다수의 지배 형식입니다. 국가 권력이 언제 어느 정도까지 개인의 사적인 영역을 통제하고 침해할 수 있는가를 결정하는 입법 과정 역시 다수결의 원칙에 따라 이루어집니다. 민주주의가 반드시 개인의 자유를 보호하는 것은 아닙니다. 자유민주주의 사회에서도 프라이버시에 대한 침해는 법에 따라 이루어집니다.

—이진우, 《프라이버시의 철학》, 돌베개, 2009, 35, 39~42쪽에서 발췌하여 재구성

또 다른 세계가
궁금한
너에게

늙음. 죽음이 극복의 대상이기만 할까요? 늙고 죽는다는 인간의 조건을 극복
한다면 이제 인간은 신이 될 수 있는 걸까요? 기술의 힘으로 세상 사람 모두
가 젊고 죽지 않는다면 그 세계가 유토피아일까요?

10장

동물에게
마음이 있을까?

《돼지가 한 마리도 죽지 않던 날》(로버트 뉴턴 펙 지음, 김옥수 옮김, 사계절)

 《돼지가 한 마리도 죽지 않던 날》은 어떤 내용일까?

　미국의 한 시골 마을에 사는 농부의 아들 로버트는 어느날 길을 가다가 이웃에 사는 태너 아저씨네 소 '행주치마'가 새끼를 낳는 것을 목격합니다. 고생을 하며 행주치마의 출산을 도와준 로버트는 그 소의 목구멍에 있는 큰 혹을 발견하고, 소에게 뼈가 보일 정도로 세게 물리는 고통까지 감수하며 행주치마의 혹을 떼어냅니다. 소의 주인 태너 아저씨는 며칠간 한참을 누워 지낼 정도로 고생한 로버트에게 고마움의 표시로 새끼 돼지 '핑키'를 선물합니다. 핑키는 로버트의 둘도 없는 가장 친한 친구가 됩니다.

　이후 로버트는 다정한 이웃들과의 만남을 통해 다양한 경험을 합니다. 마을에 항상 좋은 일만 벌어지는 것은 아니고 마을 사람들도 모두 좋은 모습만 보여주지는 않지만, 어린 로버트는 이런 모습을 이해하려 노력하며 한층 성장합니다.

　하지만 로버트도 받아들이기 힘든 위기가 찾아옵니다. 로버트네 사과 농사가 잘되지 않고, 핑키도 새끼를 낳지 못하는 지경에 이릅니다. 로버트네 가족은 식량이 부족해 굶주리며 겨울을 나고 있었습니다. 이렇게 어려운 상황에 다다르자 로버트의 아빠는 핑키를 죽일 결심을 합니다.

나는 나의 삶을 선택하지 않았습니다. 내가 인간으로 태어나기를 선택하지 않았고, 어떤 성별로 태어날지, 어떤 나라에 태어날지, 어떤 부모를 만날지 내 스스로 정하지 않았습니다. 내가 성실한 사람이 될지, 내가 어떤 일을 할지, 내가 어떤 취미를 가질지는 내 의지로 할 수 있지만 인생의 어떤 부분은 내 의지와 전혀 상관없이 주어진 것입니다. 자신의 의지와 상관없이 정해진 것 중에 어떤 것은 받아들이기가 힘들기도 합니다. 로버트 뉴턴 펙의 《돼지가 한 마리도 죽지 않던 날》은 작가의 실제 어린 시절을 그린 작품입니다. 열두 살의 로버트는 늦둥이로 나이 많은 부모님과 함께 시골에서 가난하게 살고 있습니다. 아버지는 돼지 잡는 일을 하십니다. 그래서 일하시고 오신 날에는 어김없이 아버지의 손에서 퀴퀴한 냄새가 납니다. 로버트는 그런 아버지를 부끄러워하지 않습니다. 로버트는 아버지의 온몸에서 열심히 일한 냄새가 가득할 뿐이라고 생각합니다. 로버트는 가난하지만 열심히 집안일을 돌보며 부모님의 가르침대로 착하고 예절 바르게 사는 소년입니다.

📖 1 도와주고 싶은 마음은 인간의 본성일까?

어느 날 로버트는 학교에서 자신의 집안을 욕하는 녀석 때문에 속상해서 무작정 학교를 나와 그 얄미운 녀석을 어떻게 혼내줄까 생각하며 걷고 있었습니다. 그런데 이웃에 사는 태너 아저씨네 소 '행주치마'가 끔찍한 소리를 내며 덤불 속에서 혼자 아파하는 것을 보게 됩니다. 행주치마는 새끼를 낳으려는 중이었습니다. 주변에 아무도 없었기 때문에 로버트는 행주치마를 도와주어야 했습니다. 송아지는 머리와 발굽 하나가 밖으로 나와 있었지만 피와 양수가 뒤범벅이 되어 있어서 살아 있는지 죽었는지조차 알 수 없었습니다. 그때 송아지가 '음매' 소리를 내고 울자 행주치마는 덤불을 뚫고 내달렸습니다. 로버트는 송아지를 꺼내기 위해 달려가 송아지 머리를 붙잡았지만 너무 미끄러워 놓치고 말았고, 그 틈에 행주치마가 로버트의 정강이뼈를 걷어차 몹시 아팠습니다. 로버트는 자신이 아픈 것은 아랑곳하지 않고 입고 있던 바지를 벗어 바짓가랑이를 송아지 머리에 묶었습니다. 그러자 행주치마는 더 사납게 덤불 사이로 내달리기 시작했습니다. 로버트도 송아지를 따라 벌거벗은 채 덤불 속을 끌려 다니느라 온몸에 가시가 박혀 엉망이 되었습니다. 로버트가 행주치마를 도와 송아지를 꺼내는 것은 쉽지 않았습니다. 한참을 재촉한 끝에 행주치마가 주저앉으면서 송아지가 나왔습니다.

그런데 이제 행주치마가 문제였습니다. 목구멍에 뭐가 걸려 있는 것처럼 정신없이 비틀거리며 앞으로 쓰러지더니 숨을 쉬지 못했습니다. 로버트는 행주치마의 벌어진 입으로 손을 넣어 목구멍에 걸린 사과만 한 혹을 손으로 홱 잡아챘습니다. 그 순간 행주치마는 로버트의 팔뚝과 어깨를 덥석 물고 잘근잘근 씹으며 놓아주지 않았습니다. 그러고는 산등성이에서 마을까지 로버트를 질질 끌고 내려왔습니다. 온몸을 파고드는 고통으로 로버트는 정신을 잃고 말았습니다. 만약 우리가 이런 상황에 있었다면 정신을 잃을 만큼 큰 고통을 겪으면서까지 이웃집 소를 구할 수 있었을까요?

물론 가족이나 친구가 어려움에 처했을 때 최선을 다해 도와주는 것은 당연합니다. 기르고 있는 강아지가 위험에 처했을 때도 위험을 감수하고 도와줄 수 있습니다. 그런데 정신을 잃을 만큼 큰 고통을 감수하고 이웃집 소를 도와주는 일은 당연한 일이 아닙니다. 이웃집 소를 도와주지 않았다고 해서 비난할 사람은 아무도 없습니다. 그렇다면 로버트가 어리석은 행동을 한 것일까요?

행주치마를 도와준 로버트의 행동을 보면 인간에게 있는 선한 본성을 떠올리게 합니다. 맹자는 인간의 선한 본성을 주장했습니다. 맹자가 성선설을 주장할 당시에는 인간 본성에 착한 요소도 나쁜 요소도 없다는 주장과 착해질 수 있는 요소와 나빠질 수 있는 요소가 다 있다는 주장, 사람마다 본성이 다르다는 주장이 있었습니다. 인간의 본성이 원래부터 선하다고 하는 맹자의 주장이 오히려 새로운 주장이었습니다. 맹자는 어린아이가 우물에 빠지는 모습을 보는 사람이라면 누구나 차마 그대로 내버려두지 못하는 마음이 자연스럽게 생겨나 아이를 구하려 한다는 것을 근거로 듭니다. 이러한 마음은 아이의 부모로부터 칭찬이나 보답을 받는 것과는 전혀 상관없는 순수한 것입니다.

맹자는 인간의 본성이 본래 착하다는 것을 뒷받침하는 네 가지의 마음을 제시합니다. 인(仁)의 실마리가 되는 측은해하는 마음, 의(義)의 실마리가 되는 부끄러워하는 마음, 예(禮)의 실마리가 되는 사양하는 마음, 지(智)의 실마리가 되는 옳고 그름을 가리는 마음이 그것입니다. 맹자는 인간이 이 네 가지 실마리를 지니고 있는 것은 우리가 태어날 때 팔과 다리를 가진 것과 같이 원래부터 있는 것이라고 보았습니다.

그러나 모든 사람들이 맹자가 말한 대로 착하게 살고 있지는 않습니다. 세상을 둘러보면 많은 사람들이 그의 주장과 다르게 사악하게 살고 있으니까요. 물론 맹자가 살고 있는 시대에도 오늘날처럼 문제가 많고 도덕적으로 악한 사람들이 많았습니다. 그래서 맹자는 왜 사람들이 본성대로 살지 못하고 사악한 사람들이 많은지를 설명해야 했습니다. 그의 대답은 간단합니다. 아름다운 나무가 많은 산이 하나 있었는데, 사람들이 나무를 수시로 베어버리고, 가축들을 몰고 와 어린 싹을 먹어버리니 애초에 아름다운 나무가 있었다는 것을 알지 못하게 되었다는 것입니다. 사람들이 악한 마음과 나쁜 행동을 하는 것은 도끼로 산의 나무를 찍어내듯 스스로의 본성을 도끼질한 것과 같다는 뜻입니다. 맹자는 인간이 원래의 본성을 찾으려고 노력하면 다시 선하게 살 수 있다고 말합니다.

정말 우리의 마음이 본래 선한데 우리 스스로가 도끼로 그 선한 마음을 찍어낸 것일까요? 맹자의 말이 옳다면 우리는 우리의 선한 본성을 남들과 경쟁하는 마음으로 찍어내고, 남보다 더 멋진 것을 가지려는 교만한 마음으로 찍어내고, 남이 잘 하는 것을 시기하는 마음으로 찍어내면서 우리의 마음을 민둥산처럼 밋밋하고 썰렁하게 만들었는지도 모르겠습니다. 그에 비해 로버트는 시골의 청정 공기처럼 다른 것에 오염되지 않은 순수한 본래의 마음을 잘 간직하고 있어 곤경에 처한 남의 집 가축마저 온 힘을 다해 도와줄 수 있었던 것인지도 모르겠습니다.

2 동물도 마음이 있을까?

로버트 덕분에 송아지가 무사했던 것은 다행입니다. 이웃집 아저씨는 행주치마가 낳은 쌍둥이 송아지 중 한 마리에게 로버트의 애칭 '보브'라는 이름을 지어주고 고마움의 선물로 새끼 돼지 한 마리를 주었습니다. 바로 이 새끼 돼지가 세상에 둘도 없는 로버트의 가장 친한 친구 핑키입니다. 로버트는 집안일을 돌봐야 해서 학교의 또래 친구들과 놀 시간이 없습니다. 반면 핑키는 로버트가 집안일을 거들 때도 늘 함께하기에 로버트는 핑키에게 무슨 이야기든 할 수 있습니다. 로버트는 자신이 먹고 싶은 것을 핑키를 위해 양보할 만큼 진심으로 핑키를 사랑하고 핑키 또한 로버트를 잘 따르고 온순하게 지냈습니다.

로버트는 동물의 감정을 충분히 잘 이해합니다. 핑키를 보살필 때도 핑키가 좋아하고 싫어하는 것에 대해 잘 알아주었습니다. 행주치마가 숨을 못 쉬며 고통스러워할 때도 어떻게 해야 편안해지는지 누가 알려주지 않아도 잘 알았습니다. 이웃 아저씨의 개 허시가 족제비와 싸우다 온몸이 찢기고 뼈가 부서지고 피투성이가 되었을 때도 로버트는 허시의 고통을 너무나도 생생하게 공감했습니다. 이러한 능력이 로버트에게만 있는 특별한 것처럼 보이지만 어쩌면 우리 모두 순수한 마음으로 동물들을 대하면 그들이 우리에게 하는 말을 들을 수 있을지 모릅니다. 집에서 강아지를 키우는 사람이라면 자신의 가족이 된 강아지의 마음을 쉽게 잘 알 것입니다.

그런데 동물에게도 감정이 있고 마음이 있다는 생각과 정반대로 주장한 철학자가 있었습니다. 바로 "나는 생각한다. 고로 존재한다"라는 말로 잘 알려진 근대 철학의 대가 데카르트입니다. 데카르트는 동물을 움직이는 기계로 보았습니다. 데카르트는 인간에게는 영혼이 있지만 동물에게는 영혼이 없다고 주장하였습니다. 데카르트는 동물이 인간의 방식과 마찬가지로 세상을 살아가는 것처럼 보이지만, 사실은 그렇지 않다고 합니다. 강아지가 냄새를 맡거나 배가 고파 음식을 찾는 것처럼 보이지만, 사실은 감각 기관과 뇌와 몸에서 발생하는 현상들이 연결되어 그런 감각과 의지가 있는 것처럼 행동할 뿐이라고 합니다. 그는 결국 강아지가 털로 덮인 로봇과 다를 바 없다고 주장합니다. 함수의 그래프를 그릴 때 쓰는 x,y 좌표를 만든 수학자이자 빛과 기상에 대해 연구한 과학자, 근대 합리론의 창시자이기도 한 데카르트가 도대체 왜 이런 주장을 했을까요?

데카르트가 동물을 기계로 본 것은 동물이 말하지 못한다는 사실 때문이었습니다. 데카르트는 의식이 있는지 없는지의 여부를 언어 사용을 기준으로 보았습니다. 동물은 말하지 못하기 때문에 동물에게 의식도 없고 영혼도 없다고 보았던 것입니다. 그러나 현대에 이르러 동물들에게도 언어가 있다는 것이 밝혀지고 있습니다. 인간의 언어와 다를 뿐이지 같은 종끼리 의사소통을 한다는 것은 과학적으로 입증되었습니다. 심지어 어떤 동물은 인간의 말을 이해하기도 합니다. 보노보 칸지는 엄마가 학습하는 것을 어깨 너머 관찰한 것만으로 컴퓨터 키보드를 스스로 배웠고, 고릴라 코코와 침팬지 님과 오랑우탄 찬틱은 수화를 배운 후 인간과 의사소통을 할 수 있게 되었습니다.

언어 사용뿐만 아니라 합리적 사고의 사례도 있습니다. 보노보, 고릴라, 우랑우탄과 같은 유인원은 인간이 의도적으로 훈련시키지 않아도 스스로 계획을 세워 행동할 수 있고 목표 달성을 위해 도구를 이용합니다. 이들은 거울을 이용하여 자기 몸을 살피고 몸짓을 흉내 내거나, 관찰을 통해 숨겨진 물체를 찾는 인지 능력을 가지고 있습니다. 상처를 치유하기 위해 나뭇잎을 이용하는 것은 물론 이러한 경험을 학습을 통해 다른 세대로 전달하기도 합니다. 심지어 버려진 남의 새끼를 키우고 죽어가는 동료에게 연민을 나타내는 등 이타적 행동도 합니다. 유인원뿐만 아니라 돌고래의 의식도 과학적으로 많이 연구되었습니다. 창의성과 합리성을 이용해 위기에 처한 인간을 도와준 돌고래도 있습니다. 이러한 과학적 연구를 참고하지 않더라도 동물들이 생각이 있고 의사소통이 가능하다는 것은 동물과 함께 살아보면 금방 알 수 있습니다.

그런데 데카르트는 왜 이러한 상식을 뒤엎고 동물을 기계로 보려고 했던 것일까요? 설마 동물을 한 번도 본 적이 없었던 것일까요? 데카르트가 동물은 언어가 없으므로 이성이 없고 기계에 지나지 않아 고통을 느끼지 않는다고 주장한 것은 당시 프랑스에서 성행했던 동물 실험과 관련되어 있을 수 있습니다. 그 당시 프랑스에서는 생리학이 보급되어 생체 해부가 공개적으로 시작되었습니다. 데카르트 자신도 동물 생체 실험을 했습니다. 특히 뇌 실험을 통해 감각과 행동이 연결되는 지점을 찾고자 했습니다. 이처럼 공개적으로 동물 생체 해부를 하면서 해부당하는 동물의 고통을 인정하는 것은 도덕적으로 상당히 큰 부담이 되었을 것입니다. 이런 상황에서 동물에게 고통이 없다고 생각하면 도덕적 부담이 없었을 테지요. 그러나 동시대에 살았던 영국의 경험철학자들은 데카르트에게 동의하지 않았습니다. 그들은 자신의 경험과 관찰에 근거해 동물의 고통을 부정할 수 없었고, 데카르트의 동물 기계론을 반대했습니다.

3 동물의 권리에 관한 여러 가지 시선

　　오늘날에는 동물의 권리를 주장하는 윤리학이 생겨났습니다. 동물 윤리학에서는 고통을 느끼는 동물을 어떻게 대해야 하는지를 주제로 삼았습니다. 가장 대표적인 철학자가 피터 싱어입니다. 동물 해방을 주장하는 피어 싱어는 인종차별이나 여성차별에 반대하는 것처럼 종차별에 반대합니다. 그는 어떤 존재가 '호모 사피엔스'라는 종에 속한다는 이유만으로 우선권을 부여하는 일이 정당한가를 문제 삼습니다. 그것은 마치 피부색, 성별 등의 차별과 마찬가지로 도덕적으로 비난받을 일이라는 것입니다. 반면 종차별을 옹호하는 사람들

피어 싱어(Peter Singer, 1946-)

프린스턴 대학 인간가치센터 생명윤리학 분야 석좌교수이다. 1975년에 《동물 해방》이 출간된 후 국제적 명성을 얻었다. 피터 싱어는 동물 해방이 인류에게 그 어떤 해방운동보다 큰 이타주의를 요구한다고 말한다. 동물은 자기 스스로 해방을 요구하거나 투표, 시위, 폭탄을 동원하여 착취에 저항할 수 없기 때문이다. 피터 싱어는 인류가 이렇듯 순수한 이타심을 베풀 수 있다면 인류는 이기심을 뛰어 넘는 잠재력이 있다는 것을 입증할 수 있다고 보았다.

은 부모가 자기 자식을 남의 자식보다 우선적으로 돌보아야 할 특별한 의무가 있는 것처럼, 우리 종의 구성원을 다른 종의 구성원보다 중시해야 할 특별한 의무가 있다고 말합니다. 그러나 이 주장은 가족과 종 사이에 놓인 범주의 차이를 무시하고 있지요. 이것은 범주의 오류로 잘못된 논증입니다. 서로 비교할 수 없는 범주의 차이를 무시하고 비교하는 데서 비롯한 오류입니다.

동물의 권리에 반대하는 또 다른 입장이 있습니다. 도덕성이 사회계약에서 나온다고 보는 입장입니다. 계약론자에 의하면 동물은 호혜적 행위를 하지 못한다는 점에서 열등한 존재입니다. 인간은 '네가 나를 해치지 않으면 나도 너를 해치지 않겠다'라는 계약을 할 수 있지만 동물은 그렇게 할 수 없어 열등하다는 것입니다. 계약론의 관점에서는 동물은 열등할 뿐만 아니라 인간과 상호적인 계약을 맺을 수 없으므로 우리 인간은 동물에게 직접적인 의무를 지지 않아도 된다고 말합니다. 그러나 이러한 태도에는 문제가 있습니다. 어린아이나 아직 태어나지 않은 미래 세대 역시 '네가 나를 해치지 않으면 나도 너를 해치지 않겠다'라는 호혜적 계약을 맺을 수 없기 때문입니다. 태어나지 않은 미래 세대를 생각하지 않는다면 수천 년 동안 인류의 생명을 위협할 방사성 폐기물을 수명이 150년밖에 안 되는 용기에 넣어 아무 바다에나 던져버리는 것이 가능해지고 맙니다. 그러니 호혜적 행위로는 윤리를 충분히 설명할 수 없습니다.

인간에게 특별한 도덕적 지위를 부여하는 특징으로 추론 능력, 자기 인식, 정의감, 언어, 자율성 등 여러 가지가 제시될 수 있습니다. 이러한 기준이 겉보기에는 인간과 인간이 아닌 동물을 구분하는 것처럼 보이는데요. 이때 우리는 이런 특징을 전혀 갖추지 못한 사람이 있다는 점을 기억해야 합니다. 어떤 동물은 어린아이보다 더 뛰어난 인지 능력이 있습니다. 그러니 인지 능력을 기준으로 도덕적 지위가 있다 없다를 말할 수는 없습니다. 피터 싱어와 같이 종차별을 거부하는 일은 모든 생명의 가치가 똑같다고 말하는 것이 아닙니다. 동물의 이익과 인간의 이익이 비슷할 경우 이러한 이익을 동등하게 고려해야 한다는 것입니다. 단지 인간이 아니라고 해서 다른 존재의 이익을 무시하거나 경시해서는 안 된다는 것이지요.

우리는 과연 동물을 어디까지 이용해야 도덕적으로 문제가 없을까요? 동물을 존중해야 하는 이유는 무엇일까요? 모든 도덕의 기본 원칙은 단지 '나의' 이익이라는 이유로 나의 이익이 상대의 이익보다 더 중요하다고 주장해서는 안 된다는 것입니다. 도덕의 관점에서 모두의 이익을 동등하게 고려해야 한다는 것이지요. 이러한 원칙은 모든 종교에서 공통된 점입니다. 성서에서는 "네 이웃을 네 자신같이 사랑하라"고 하고 "너에게 해로운 일은 이웃에게도 하지 말라"고 합니다. 이익이 동등한 것인지 고려하라는 것이지요.

공리주의 또한 동물 차별에 반대합니다. 공리주의의 원칙은 '세상 모두의 이익을 동등하게 고려하여 이익이 예상되는 충족이 극대화되도록 행동하라'는 것입니다. 역사적으로 공리주의자들은 노예제도를 앞장서서 반대했습니다. 그리고 여성 투표권, 공교육, 공중 보건, 빈민과 환자에 대한 지원 등의 필요에 대해 도덕적 논거를 제시했습니다. 이익의 동등한 고려 원칙에 따르면 이익은 '누구의' 이익인가와 상관없이 중요합니다. 적어도 쾌락을 느끼고 상대적으로 고통을 느끼지 않는 삶은 모든 사람에게 이익이라는 데 동의합니다. 이것은 쾌락과 고통을 느끼는 존재라면 누구에게나 예외 없이 중요하다는 것을 전제로 합니다. 따라서 쾌락과 고통을 느낄 수 있는 모든 존재의 이익을 고려해야 한다는 점은 도덕의 최소한의 의무인 셈입니다. 감각 능력은 '이익이 존재하고 이 이익을 동등하게 받아야 할 충분조건'이라 말할 수 있습니다. 이것은 감각 능력이 있는 동물에게도 적용됩니다. 다윈에 의하면 인간은 다른 종에서 진화했습니다. 쾌락과 고통을 느끼는 동물의 뇌 영역은 인간보다 먼저 진화했습니다. 대다수 동물들에게 통증을 지각하는 일은 인간에게서보다 더 중요한 역할을 할지도 모릅니다.

동물이 쾌락과 고통을 느낄 수 있다면 동물에게도 공리주의가 말하는 이익이 존재합니다. 그렇지 않다고 생각하는 일은 우리가 이해하는 쾌락과 고통의 의미를 왜곡하는 것입니다. 바로 앞서 언급한 데카르트처럼 말입니다. 최소한 고통을 느끼지 않고 쾌락을 느끼는 것은 감각 능력이 있는 동물에게도 이익입니다. 동물에게 이러한 이익이 존재한다면 우리가 자신의 이익보다 동물의 이익을 덜 고려하는 것은 부당합니다.

공리주의를 대표하는 철학자 벤담은 종차별을 상식으로 여겼던 시절 다음과 같이 주장했습니다. "언젠가 사람들은 감각을 느낄 수 있는 존재를 다리 개수, 피부 털, 꼬리의 유무를 이유로 학대해서는 안 된다는 사실을 깨달을지도 모른다. 그 밖에 무엇 때문에 넘지 못할 선을 긋는다 하는가? 추론 능력인가? 의사소통 능력인가? 하지만 다 자란 말과 개는 태어난 지 하루, 일주일, 심지어 한 달 된 아기보다 훨씬 더 합리적이고 말도 더 잘 알아듣는다. 하지만 그렇지 않은들 무슨 상관인가? 문제는 동물이 합리적으로 사고하거나 말할 수 있느냐가 아니다. 고통을 느낄 수 있느냐이다."

이익의 동등한 고려 원칙에 따르면 우리는 한 개체의 이익을 그 외 어떠한 개체의 비슷한 이익과도 동등하게 취급해야 합니다. 인종주의자는 자신과 같은 인종에 속한 구성원의 이익을 중시함으로써 이 규칙을 어깁니다. 성차별주의자는 자신과 같은 성별에 속한 구성원의 이익을 중시함으로써 이 규칙을 어깁니다. 마찬가지로 종차별주의자는 자신과 같은 종에 속한 구성원의 이익을 중시함으로써 이 규칙을 어깁니다.

종차별주의를 극복하자는 주장은 오늘날 환영받고 있는 입장은 아닙니다. 구제역이나 조류독감이 한번 돌면 한 해 수만 마리의 동물들을 살처분하는 상황을 보면 종차별주의는 여전히 견고하다는 사실을 알 수 있습니다.

스위스 출신의 철학자 페터 비에리는 공장형 축산시스템이 동물을 물건으로 취급한다고 비판합니다. 오늘날 가축들은 인간의 식생활이라는 목적에 봉사하는 '사육된 물건'이라는 것입니다. 그 동물들은 살아 있는 생명체이며 그들 하나하나가 경험의 주체임에도 애초부터 상품으로 사용되기 위한 단 하나의 목적을 위해 태어나고 길러지고 관리되며, 죽음의 순간에 이르기까지 한 번도 음식물의 전 단계를 벗어나본 적이 없다고 합니다. 동물에 대한 우리의 태도가 지금 이대로 지속되고 변화하지 않는다면 우리는 언젠가 다른 존재의 고통에 대해 완전히 무감각해질지도 모릅니다.

 동물이지만 그 이상일 수 있는 인간

로버트는 핑키가 다 자라면 멋진 암퇘지가 되어 많은 새끼를 낳아주길 바랐습니다. 그러나 핑키가 새끼를 전혀 낳지 못하고 음식만 많이 먹는 돼지가 되자 로버트는 몹시 슬펐습니다. 로버트에게 핑키는 가장 친한 친구지만 새끼를 낳지 못하는 핑키에게 먹일 식량이 충분하지 않아 더 이상 돌볼 수 없게 됩니다. 사실 로버트네 가족은 그 해 겨울에 식량이 부족해 굶주리고 있었습니다. 물론 핑키가 돼지가 아니라 사람이었다면 아무리 식량이 없어도 죽일 수는 없었겠지만 핑키를 살리기 위해 모든 식구들이 굶주릴 수는 없었습니다. 그래

4부 또 다른 세계가 궁금한 너에게

서 먹을 것이 바닥이 난 어느 날 아버지가 핑키를 해치우겠다고 했을 때 로버트는 저항할 수 없었습니다. 결국 하얀 눈밭 위에서 아버지는 핑키의 두개골을 '퍽' 하고 깨뜨렸습니다.

그 순간 로버트는 아빠가 미웠습니다. 핑키를 죽인 아빠가 밉고 평생 수많은 돼지를 죽인 아빠가 미웠습니다. 그러나 로버트는 아버지가 시키는 대로 조용히 도울 수밖에 없었습니다. 일을 다 마치자 귀엽고 깔끔한 하얀 핑키는 눈과 섞여 축축한 피범벅이 되었습니다. 그제서야 로버트는 울부짖으며 가슴이 찢어질 것 같다고 말합니다. 아버지도 그렇다고 말하고 로버트가 어른스럽게 받아들인 것에 대해 고맙다고 말합니다. 아버지의 커다란 손이 로버트의 얼굴을 쓰다듬는 것을 느낄 때, 아버지의 그 손은 무수히 많은 돼지들을 죽인 손이 아니라 어머니의 손처럼 정겨운 손이라는 것을 느끼게 됩니다. 그때 로버트는 핑키의 피가 뚝뚝 떨어지는 아버지의 손에 입을 맞추기 시작합니다. 로버트는 아버지도 어쩔 수 없이 해야 할 일을 했다는 것을 이해하고 아버지를 용서하는 마음을 입맞춤으로 대신한 것입니다. 그때 로버트는 처음이자 마지막으로 아버지가 우는 모습을 보게 됩니다. 평생을 돼지 잡는 일을 해온 아버지도 핑키에 대한 깊은 사랑을 품고 있었다는 것을 짐작할 수 있습니다.

동물에 대한 아버지의 마음은 족제비 사냥개로 키우기 위해 이웃집 개 허시를 족제비와 싸우게 할 때도 드러납니다. 치열한 싸움 끝에 허시가 비참한 몰골로 겨우 목숨만 부지하고 있을 때, 아버지는 그 싸움을 붙인 것을 후회하게 됩니다. 물론 구경거리를 위해 개와 족제비를 싸우게 한 것은 아니었습니다. 재미를 위해 생명을 희생하는 것이라면 그건 정말 비도덕적인 일이겠지만 닭장의 닭을 보호하기 위해 족제비 사냥개가 필요해서 붙인 싸움이었습니다. 그러나 아버지는 허시를 땅에 묻으며 앞으로 닭장의 모든 닭을 잃는 한이 있더라도 다시는 개와 족제비 간에 싸움을 붙이지 않겠다고 맹세합니다.

아버지는 학교에 다닌 적이 없어 글자를 읽지 못하지만 사실 매우 훌륭한 사람입니다. 아버지는 가난을 탓하지 않고 주어진 것에 감사하고 성실히 일하며 사람들 사이에서 예절바르게 행동하는 법과 다른 사람을 배려하는 것을 잘 가르쳐주었습니다. 로버트는 핑키를 죽인 아버지 손에 입을 맞췄습니다. 그리고 아버지를 원망하기보다는 아버지 또한 핑키를 죽게 하여 마음이 아프다는 것을 헤아리며 아버지를 위로함으로써, 핑키를 잃은 슬픔을 극복할 수 있었습니다. 로버트는 가난 때문에 가장 친한 친구 핑키를 잃었지만 어른이 되어 자신의 작품 속에서 핑키에 대한 사랑을 기억해내고 있습니다. 그에게 핑키는 영원한 친구이자 어린 시절의 가장 행복한 기억입니다.

인간은 동물과 얼마나 친밀해질 수 있을까요? 사실 인간은 동물을 이용하지 않고는 살 수 없습니다. 그러면서도 동시에 동물은 인간과 함께 긴밀하게 공존하고 사랑하는 존재가 될 수 있습니다. 핑키가 로버트에게 좋은 친구였던 것처럼 말입니다. 인간이 동물을 더 이상 이용하지 않고도 살 수 있는 여건을 만들 수 있다면 당연히 더 이상 동물을 수단으로 여기지 말아야 할 것입니다. 왜냐하면 그들도 우리가 같은 생명체이고, 우리의 생명만큼 그들의 생명도 존중받아 마땅하기 때문입니다, 우리의 고통이 줄어들어야 하는 만큼 그들의 고통 또한 줄여줘야 합니다. 심지어 동물 중에도 다른 존재의 고통을 감지하는 고등 동물들이 있습니다. 우리가 생태계의 일부이면서 또한 동물 이상의 고귀한 존재가 되고자 한다면 동물들이 우리에게 말하지 않아도 그들의 고통을 줄여주어야 하지 않을까요? 그렇게 함으로써 인간은 다른 동물들과 차별화될 수 있을 것입니다.

더 읽어보기 모두의 이익을 동등하게 고려해야 한다

《동물과 인간이 공존해야 하는 합당한 이유들》

윤리적 삶이 공정함, 정의, 선의 같은 가치를 존중하는 것이라는 데 대부분 동의합니다. 그런데 이러한 가치의 핵심에는 더 기본적인 원칙이 자리 잡고 있습니다. 단지 '나의' 이익이라는 이유로 나의 이익이 상대방의 이익보다 더 중요하다고 주장하는 것이 비합리적이라는 원칙입니다. 물론 나의 이익이 '나에게' 더 중요할 수 있겠지만 객관적인 면에서 더 중요하다고 주장할 수는 없습니다. 윤리적 관점에서는 모두의 이익을 동등하게 고려해야 합니다.

윤리이론으로서 공리주의의 규칙은 '세상 모두의 이익을 동등하게 고려하여 이익이 예상되는 충족이 극대화되도록 행동하라'입니다. 공리주의가 '보편주의적'인 이유는 국적, 성별, 인종을 비롯하여 우리의 행동에 영향을 받는 모든 이의 이익을 고려하기 때문이고, '복리주의적'인 이유는 무엇이 윤리적으로 바람직한가를 복리의 관점에서 정의하기 때문입니다. 또 공리주의가 '결과론적'인 이유는 행위의 옳고 그름을 따질 때 행위의 예상되는 '결과', 곧 행위가 이익을 얼마나 충족하는가를 기준으로 삼기 때문이고, '집합적'인 이유는 행동에 영향을 받는 모든 이의 이익을 합산하기 때문입니다.

이익의 동등한 고려 원칙에 따르면 이익은 '누구의' 이익인가와 상관없이 중요합니다. 따라서 쾌락과 고통을 느낄 수 있는 모든 존재의 이익을 고려해야 하는 점은 최소한의 의무입니다. 그렇다면 감각 능력은 '이익이 존재하고 이 이익을 동등하게 받아야 할 충분조건'이라 할 수 있습니다.

동물은 농업, 제품 시험, 의학, 과학 실험, 오락, 사냥과 낚시, 의류 제조, 애완동물을 비롯한 다양한 인간 활동에 이용됩니다. 이러한 대부분의 활동에서 우리는 동물을 다룰 때 그 동물의 이익을 제대로 고려하지 않습니다. 따라서 이는 비윤리적입니다.

-피터 싱어 엮음,《동물과 인간이 공존해야 하는 합당한 이유들》, 시대의 창, 2012,
26-28, 31, 35-36쪽에서 발췌하여 재구성

11장

유토피아는 정말
있을까?

《멋진 신세계》(올더스 헉슬리 지음, 이덕형 옮김, 문예출판사)

 《멋진 신세계》는 어떤 내용일까?

　《멋진 신세계》의 배경은 포드 자동차의 창시자 헨리 포드가 신과 같은 대접을 받는 미래 세계입니다. 포드가 공산품의 대량 생산 시대를 열었듯이, 신세계 정부는 사회에 필요한 수만큼의 인간을 최적의 효율성에 맞춰 생산합니다. 유전자 기술을 통해 알파, 베타, 감마, 델타, 엡실론 계급에 맞게끔 지능과 체형을 조작하여 인간을 만들어 냅니다. 그리고 생산된 인간들은 자신이 하는 일이 가장 즐거운 일이라고 느끼도록 세뇌를 당합니다.

　신세계의 정부에서는 사람들이 불행을 느끼지 않도록 '소마'를 지급합니다. 무상으로 나눠지는 '소마'는 우울하거나 불안할 때 적당량을 먹으면 부작용 없이 기분이 좋아지는 약입니다. 신세계의 사람들은 자신에게 주어진 환경이나 일에 불만을 갖지 않고, 간혹 생기는 불안감을 약을 통해 해결하며 평화롭게 살아갑니다.

　하지만 이러한 사회에 불만을 가진 사람들이 있습니다. 그들 중 한 명인 버나드 마르크스는 아직까지 신세계의 문명적 혜택이 미치지 못한 야만인 거주 구역에서 야만인 존을 만납니다. 존은 어머니 린다로부터 신세계의 장점만을 듣고 문명 사회를 동경하여 마르크스를 따라 신세계로 옵니다. 하지만 그는 신세계의 실상을 알고 매우 실망합니다.

　이후 존은 인류 지도자 중 한 명인 무스타파 몬드 총통을 만나면서 자신이 신세계에 적응할 수 없다는 것을 깨닫고 문명으로부터 도망쳐 혼자 생활하게 됩니다. 자신에게 환멸을 느껴 채찍으로 스스로를 때리던 존은 자신이 다른 사람의 구경거리가 되고 있다는 사실을 깨닫고 스스로 목숨을 끊습니다.

우리는 더 나은 미래를 꿈꿉니다. 지금보다 쾌적하고 안락하고 즐겁고 하고 싶은 것을 마음껏 할 수 있는 세상에서 살기를 바랍니다. 이런 세상을 우리는 '유토피아'라고 부릅니다. 이 말은 원래 토마스 모어가 그리스어로 '없는(ou-)'과 '장소(toppos)'를 뜻하는 말을 결합하여 만든 용어입니다. 과연 모두가 즐겁고 하고 싶은 것을 마음껏 할 수 있는 세상이 '세상 어디에도 없는 곳'일까요? 역사를 살펴보면 인류는 분명 과거보다 현재에 훨씬 더 많은 자유를 누리고 있고, 더 풍요롭게 살고 있고, 꿈꾸던 많은 것들을 실현하고 있습니다. 그렇다면 미래에는 어떨까요?

올더스 헉슬리의 《멋진 신세계》는 안락하고 즐거운 미래 세계의 이야기입니다. 그것을 가능하게 해준 것은 과학 기술입니다. 헉슬리는 600년 후 미래의 이야기라고 생각하고 썼지만 제가 보기에 이 작품에는 21세기 우리의 모습과 고민이 담겨 있습니다. 과학 기술이 예상보다 더 빠른 속도로 발달한 덕분에 이 소설 속 세계는 그리 낯설어 보이지 않습니다. 그리고 지금 우리의 욕망을 되돌아보게 합니다.

📖 1 실패나 좌절이 전혀 존재하지 않는 세상?

우리는 스스로에 대해 늘 궁금해합니다. 나에게 어떤 일이 가장 잘 맞을까? 무엇을 하면 행복해질까? 물론 아주 오래전에는 이런 질문을 할 필요가 없었을 것 같습니다. 자신이 어떤 신분으로 태어났느냐에 따라 해야 할 일이 정해져 있었기 때문입니다. 노예로 태어났다면 자신이 아무리 지적으로 뛰어난 자질이 있더라도 공부를 해야하나 말아야 하나를 고민할 필요가 없습니다. 그러나 오늘날 우리는 어떤 집안에서 태어났든 자신의 노력에 따라 무엇이든 꿈꿀 수 있는 세상에 살고 있습니다. 그래서 자신에게 가장 잘 맞는 일, 자신이 가장 잘할 수 있는 일을 스스로 찾아야 합니다. 그러기 위해서 여러 일들을 배우고 도전합니다. 그러나 모든 도전이 그렇듯 매번 성공이 보장된 것은 아니지요. 그래서 대부분 실패하고 좌절을 맛보게 됩니다.

그런데 만약 우리가 태어날 때부터 자신이 가장 잘하도록 정해진 일이 있다면 어떨까요? 그래서 도전이라는 것이 전혀 필요 없고 그에 따른 실패나 좌절도 전혀 없다면 어떨까요? 우선 자신에게 맞는 일을 찾기 위한 노력과 시간을 엄청나게 절약할 수 있을 것 같습니다. 자신이 가장 잘할 수 있는 일을 효율적으로 해버리고 나머지 시간에는 마음껏 즐기기만 하면 될 것입니다. 올더스 헉슬리가 들려주는 미래세계가 바로 그렇습니다.

《멋진 신세계》의 배경은 포드 자동차의 창시자 헨리 포드가 신격화된 세계입니다. 포드 연력을 사용할 뿐만 아니라, 포드가 T자형 컨베이어 벨트로 대량 생산을 위한 효율적인 표준을 만들었듯 사회에 필요한 수만큼의 규격화된 인간들을 최적의 효율성에 맞춰 생산해냅니다. 유전자 기술을 이용하여 사회가 필요로 하는 수만큼의 인간을 알파, 베타, 감마, 델타, 엡실론 계급으로 구분하여 만들어냅니다. 그결과 각 계급에 맞는 체형과 능력이 조절되고 수면 교육과 조건 반사

교육 등을 통해 자신의 일에 최적의 상태가 되어 태어나게 됩니다. 예컨대 열대지방에서 일해야 하는 사람은 태아 때부터 열에 잘 견디도록 환경 조절을 받게 됩니다. 노동자는 장미나 책에 다가갈 때마다 전기 충격을 받아 아름다운 자연과 책을 멀리하도록 만들어집니다. 그리고 그들은 자신이 하는 일을 가장 즐거운 일로 느끼게 됩니다. 피할 수 없는 자신의 사회적 운명을 가장 좋은 것이라고 주입받는 것입니다.

현재 우리가 살고 있는 세계에는 빈부에 따른 계층이 엄연히 존재합니다. '금수저'니 '흙수저'니 하는 말이 그런 격차를 말해줍니다. 그러나 신세계 사람들은 계급에 따라 하는 일이 다르고, 그에 맞는 다른 신체를 가지고 태어났을 뿐이지 누리는 것에 있어서는 평등합니다. 모두가 풍요롭고 쾌적한 환경에서 젊음과 성적 쾌락을 마음껏 즐기고 기분 좋게 지내는 것은 똑같습니다. 바로 이 점에서 유토피아라고 할 수 있습니다. 아무도 굶주리지 않고, 아무도 외롭지 않고, 아무도 늙지 않고, 아무도 병들지 않고, 어느 누구도 죽음을 두려워하지 않습니다. 최상의 자동차를 만들기 위해서는 부품 역시 최상의 품질이 균등하게 유지되어야 하듯이, 멋진 신세계의 사람들은 계급에 맞춰 균일하게 최적화된 몸으로 젊음을 유지하다 60세에 이르면 마치 사용 기한이 지난 부품을 교체하듯 죽음을 맞이합니다. 그것은 자동차 부품이 사용기한이 지나 작동을 멈추면 새 것으로 교체되는 것과 같이 당연한 절차입니다. 이 세계의 사람들은 어떤 고통도 번민도 없이 모두 어린아이처럼 단순하고 쾌적하게 지내는 것에만 관심 있습니다.

우리 중 누군가는 이러한 세계가 진정한 유토피아라고 생각할지 모릅니다. 어떤 일을 하며 살아야 할지 막막한 사람들, 일을 구하지 못해 가난하게 살고 있는 사람들, 병들고 늙고 죽는 것을 두려워하는 사람들에게 이 세계는 최고로 멋진 세계일지도 모릅니다. 그런데 정말 그럴까요?

저는 가장 먼저 이 세계의 사람들이 하는 일에 대해 의문이 듭니다. 자신의 신체나 능력에 가장 잘 맞는 일을 하는 것이 행복할지, 자신이 가장 하고 싶은 일을 하는 것이 행복할지 궁금합니다. 물론 작품 속의 세계에서는 자신의 능력에 가장 잘 맞는 일과 가장 하고 싶은 일이 일치하기 때문에 그마저도 고민거리가 되지 않지만 말입니다.

이러한 질문에 대해 답하고 있는 영화가 있습니다. 〈가타카〉라는 영화입니다. 이 영화의 배경 역시 과학이 매우 발전한 미래 세계입니다. 여기서는 임신 전 단계부터 유전자 조작을 통해 건강한 신체와 뛰어난 지능을 가질 수 있습니다. 그리고 어느 아이든 태어난 직후 바로 그 아이의 수명과 예상 질병이 확인됩니다. 이 영화의 주인공 빈센트는 부모가 유전자 조작을 하지 않고 자연스럽게 임신한 탓에 열등한 신체 조건을 갖고 태어나 31세에 사망할 것으로 진단받습니다. 빈센트는 어렸을 때부터 우주에 관심이 많았고 비행사가 되는 꿈을 가지고 있습니다. 그러나 그의 신체 조건으로는 그가 꿈꾸는 우주항공회사 가타카에 결코 들어갈 수 없습니다. 그가 그곳에 들어갈 수 있는 유일한 길은 청소부가 되는 것이었습니다. 그러나 그는 꿈을 이루기 위해 신분을 위조하고 뼈를 깎는 고통까지 감수하여 결국 화성으로 떠나는 비행기의 조종사가 됩니다. 이 영화는 열정과 정신력이 신체나 지능이라는 객관적 조건을 뛰어넘는 모습을 보여줍니다.

멋진 신세계에는 〈가타카〉의 빈센트 같은 인물이 결코 나올 수 없습니다. 자신이 가장 잘하는 일을 가장 좋아하도록 조건화가 이루어져 태어나기 때문이지요. 빈센트가 신세계에서 태어난다면 자신이 하고 싶은 일이 불가능하다는 좌절도 겪지 않고, 불가능한 꿈을 이루기 위한 엄청난 희생을 치를 필요도 없습니다. 그냥 순진하고 천진하게 자신이 가장 잘할 수 있는 일을 즐겁게 하며 나머지 시간은 여행을 다니고, 맛있는 아이스크림이나 먹고 실제와 같은 환상을 불러 일으키는 촉감 영화를 보면서 지내면 됩니다. 여러분은 과연 어떤 세계의 사람들이 더 행복해 보이나요? 우리의 행복은 단지 쾌적하고 즐거운 것에만 있는 것이 아닌지도 모릅니다. 쾌적하고 즐거운 것이 최고라면 주인의 사랑을 한껏 받는 강아지의 삶이 최고 아닐까요? 그런 강아지는 인내하며 공부할 필요도 없고, 위험을 감수하며 모험할 필요도 없습니다.

그러나 그것이 인간에게도 적용될지 의문입니다. 모든 조건이 갖추어져 아무 걱정도 없고, 아무 노력도 안 해도 되는 사람이 과연 행복할까요? 고통을 감수하는 강인함, 좌절을 이겨내고 이루는 성취감이 우리를 더 인간답게 하고 행복하게 하는 것이 아닐까요? 노력과 모험의 대가가 꼭 행복한 결말이 아니어도 말입니다. 자신이 원하는 성공을 달성하든 못 하든 그 과정에서 확인된 자신의 열정이 바로 그 자신을 만들어줄 것입니다. 신세계의 사람들은 자신이 가장 원하고 가장 잘하는 일을 하지만 그것은 다른 누군가에 의해 그렇게 조작된 것이고 다른 무엇의 일부분으로 그렇게 만들어진 것입니다.

2 행복을 가져다주는 약이 있다면?

　　신세계가 사람들의 행복을 보장하는 또 하나의 방법은 '소마' 입니다. 사람들은 우울하거나 불안할 때 적당한 양의 소마를 먹으면 부작용 없이 기분이 좋아집니다. 소마는 마약과 달리 부작용이 없고, 국가에서 모든 사람들에게 무상으로 나누어주기 때문에 불법으로 비싸게 구매할 필요도 없습니다. 소마야말로 이 세계 사람들이 모두 똑같이 행복한 비결입니다. 만약 소마가 우리 현실세계에 있다면, 무상으로 국가가 행복을 보장하는 약을 배급해준다면 우리는 어떻게 할까요?

　　살다 보면 마음이 힘들 때가 많습니다. '친했던 친구가 왜 갑자기 나를 멀리하지?' 하는 사소한 고민에서부터 해야 할 일을 하지 못했을 때 느끼는 죄책감, 미래에 대한 불안감 등 우리의 행복과 불행을 결정하는 많은 일들이 마음에서 일어납니다. 그 마음을 언제나 고요하고 평화롭게 유지할 수 있다면 얼마나 좋을까요? 수행하는 수도자들도 결국은 마음의 평정을 얻기 위해서 세상을 등지고 가족과 헤어지기까지 합니다. 그런데 어떤 것도 희생하지 않고 소마 하나로 평정

디스토피아(Dystopia)

디스토피아는 유토피아와 반대되는 가상사회를 일컫는 말이다. 그리스어의 '나쁜(dys-)'과 '장소(toppos)'의 합성어이다. 가공의 이상향을 긍정적으로 묘사하는 유토피아와는 반대로, 디스토피아는 가장 부정적인 미래 세계를 묘사함으로써 현실을 비판하는 소재로 쓰인다. 디스토피아는 현대 사회에 있는 위험한 경향을 미래에 반영하여 현대인이 무의식중에 받아들이고 있는 위험을 명확히 지적한다.

심을 얻는다면 당연히 좋지 않을까요?

《멋진 신세계》에는 신세계 외부에 있는 야만인 보존 지역에서 태어나고 자란 존이라는 인물이 등장합니다. 신세계 사람 토마킨과 린다가 젊은 시절 야만인 보존 지역으로 여행 갔다가 사고로 헤어지고 린다만 남아 존을 낳은 것입니다. 존은 어머니로부터 신세계가 얼마나 멋진 곳인지 줄곧 듣고 자랐기에 기대를 가지고 신세계에 왔지만, 신세계의 실상을 알고 난 후 매우 실망하게 됩니다. 존이 받은 가장 큰 충격은 병실에서 어머니가 죽어갈 때 신세계 사람들이 아무런 감정 없이 죽음을 웃음거리로 대한 것입니다. 이러한 신세계 사람들의 모습에서 존은 참을 수 없는 분노를 느낍니다. 그리고 소마 배급소로 달려가 소마 배급을 방해하고 난동을 피우게 됩니다. 존은 소마를 배급받는 사람들을 향해 "이 끔찍한 물건을 받지 마세요. 이것은 독입니다. 아주 해로운 독이란 말입니다"라고 외칩니다. 존은 신세계 사람들이 소마 때문에 자유를 잃고 어른이 되기를 포기하였다고 생각했습니다. 이 난동은 경찰이 출동하여 소마 증기를 살포하며 "행복하고 선량하게 그리고 평화롭게 살라"는 부드러운 목소리의 녹음 연설이 반복적으로 흘러나오면서 진압됩니다.

"행복하고 선량하게 그리고 평화롭게 살라"는 것은 참 좋은 말입니다. 우리가 사는 현실 세계에서도 마찬가지입니다. 소마가 그런 좋은 마음 상태를 가져다주는 것이라면 진짜 좋은 약이 아닐까요? 그렇다면 소마가 자유를 방해하는 독이라는 존의 말에 대해 여러분은 어떻게 생각하세요? 존은 사람들에게 자유로운 어른이 되라고 말합니다. 소마는 사람들을 어린아이에 머물게 하고 자유를 잃은 노예로 만든다고 말합니다. 결국 우리 앞에 소마가 있다고 했을 때, 그것을 취할 것인지 말 것인지는 무엇을 더 중요한 가치로 보는지에 달려 있습니다. 아이와 같이 세상에 대한 걱정 없이 순진하게 즐거운 것을 추구하며 살지 고통과 위험으로 가득한 세상을 대면하며 살지 말입니다. 헉슬리는 우리가 무엇을 선택해야 하는지 답하지 않습니다. 헉슬리는 소설의 결말에서 존이 행복한 사람으로 남는 것이 아니라 불행하게 생을 마감하고 있다는 점에서 우리에게 더 큰 물음을 던지고 있습니다.

작품 속의 세계에서는 누구나 걱정하지 않고 살도록 모든 것이 질서 잡혀 있고 안정되어 있습니다. 그러나 현실의 세계는 그렇지 않지요. 현실 세계 사람들도 그와 같이 안정되고 풍요로운 세계를 꿈꾸며 모든 사람들의 안락과 행복을 추구한다는 점에서 신세계는 우리가 꿈꾸는 미래입니다. 하지만 이 작품을 통해 정작 그러한 세계가 이루어질 때 우리가 정말 행복할지 의심하게 됩니다. 우리가 꿈꾸는 미래를 위해 희생해야 하는 것이 또한 우리의 자유이고 성숙이기 때문입니다. 자유와 행복 중 하나를 선택해야 한다면 어떻게 해야 할까요?

3 평생 늙지 않는다면?

《멋진 신세계》가 주는 유혹 중 가장 강한 것은 모두가 젊음을 유지하며 산다는 것입니다. 젊음을 유지하며 사는 것은 남자, 여자를 막론하고 모두가 열망하는 바입니다. 미래의 의학 기술은 틀림없이 젊음의 기간을 훨씬 더 연장해줄 것입니다. 그렇다면 죽을 때까지 젊음을 유지하며 사는 것이 정말 좋기만 할까요?

젊음이 늙음보다 더 좋아 보이기는 합니다. 젊음은 활기차고 아름답고 한번 잃으면 되돌릴 수 없다는 점에서 소중합니다. 그것은 꽃이 핀 나무가 더 이상 꽃을 피울 수 없는 고목보다 아름다운 것과 같습니다. 그러나 고목이 꽃을 피우지 못한다고 가치 없고 버려져야 하는 것이 아니듯 늙음에도 뭔가 소중한 것이 있을지도 모릅니다.

《멋진 신세계》의 존은 신세계 사람들이 어린아이로 머물러 있는 것에 한탄했습니다. 어른이 된다는 것은 자기 자신뿐만 아니라 다른 사람에 대해, 자신이 속한 집단에 대해 책임을 지는 것입니다. 과거에 우리나라 사람들은 결혼을 해야 어른이 된다고 보았습니다. 결혼 전에는 자신의 몸 하나만 잘 지키면 되지만 결혼을 하면 배우자와 그의 가족들, 태어나게 될 아이들까지 책임을 져야 합니다. 이처럼 어린아이와 어른은 책임의 범위가 다릅니다. 젊은 사람과 나이 든 사람도

4부 또 다른 세계가 궁금한 너에게

책임의 범위에서 차이가 있습니다.

　그러면 이제 늙음의 가장 큰 특징인 신체적 노쇠에 대해 생각해볼까요? 신체적인 건강은 매우 소중한 것이지만 노쇠해진다고 해서 무조건 나쁜 것만은 아닙니다. 어린아이들은 잠시도 가만히 있지 못합니다. 몸의 에너지가 너무 충만하기 때문입니다. 젊은 사람들도 몸의 에너지를 분출하기 위해 다양한 스포츠를 즐기고 먼 곳으로 여행을 떠나는가 하면 젊음이 영원한 것인 양 시간을 마냥 허비하기도 합니다.

　반면 나이 든 사람들은 자신의 제한된 신체 에너지를 의식하여 꼭 필요한 것을 선별하고 그것에 집중하는 편입니다. 그리고 해가 갈수록 달라지는 몸에 맞춰 죽음을 준비하고 자신에게 주어진 시간과 생명을 더 소중히 아끼게 됩니다. 부모였을 때보다 조부모가 되었을 때 아이들을 더 사랑하는 이들도 있습니다. 죽음에 더 가까이 다가갈수록 새로운 생명의 가치가 더 소중하게 다가오기 때문입니다. 젊었을 때는 무분별하고 무엇이든 다 해낼 수 있을 것 같은 패기가 있었다면 늙으면서는 분별력을 갖추고 소중한 것을 알아보는 지혜가 생겨납니다. 그러니 꼭 젊음만 좋고 늙음이 나쁜 것은 아닙니다.

　사실 젊음과 늙음은 나이의 문제만은 아닙니다.《해롤드와 모드》라는 작품에는 우울증을 겪으며 자살을 꿈꾸는 19세 청년과 활기찬 80세 할머니의 우정과 사랑이 나옵니다. 누군가 아무리 젊다 해도 그 마음에 활기와 호기심이 전혀 없다면 그 사람은 젊은 영혼이 아닙니다. 반면 백발이 성성하고 근력이 약하더라도 새로운 것에 대한 도전을 기꺼이 즐기고 활기차게 살고 있다면 그 사람은 젊은 영혼을 간직한 것입니다. 그러니 젊음은 다만 몸의 문제뿐만 아니라 마음의 문제이며 젊음이 소중한 것만큼 늙음 역시 가치 있는 것임을 아는 것이 중요하다고 생각합니다.

미래의 과학 기술은 노쇠를 정복할 뿐만 아니라 영원히 사는 것을 목표로 할지도 모르겠습니다. 누군가는 120세의 수명을 극복하고 200살, 500살, 그 이상의 생명을 추구할 것입니다. 진시황이 영원히 늙지 않는 불로초를 찾는 데 매우 집착했다는 것을 떠올려보면 힘 있는 사람들 중에 누군가는 자신의 힘을 영원토록 누리고자 영생을 꿈꾸며 그런 기술을 개발하도록 지원할 것 같습니다. 더구나 이미 인공장기, 인공 수족이 현실적으로 가능하다는 점을 감안하면 우리 몸에 인공 부품이 결합되어 매우 긴 시간을 젊은 상태로 사는 것은 우리 당대의 현실이 될지도 모릅니다. 이러한 현실 앞에서 늙음의 가치를 이야기한다는 것이 어쩌면 시대착오인지도 모르겠습니다.

그러나 정말 늙음은 우리가 피해야만 하는 문제일까요? 늙음, 죽음이 극복의 대상이기만 할까요? 늙고 죽는다는 인간의 조건을 극복한다면 이제 인간은 신이 될 수 있는 걸까요? 기술의 힘으로 세상 사람 모두가 젊고 죽지 않는다면 그 세계가 유토피아일까요?

헉슬리는 우리가 꿈꾸는 유토피아를 그렸습니다. 그런데 왜 신세계를 비판하며 '불행해질 권리'를 주장하는 존을 등장시켰을까요? 존은 행복을 보장하는 신세계를 거부합니다. 신세계에서는 행복보다 더 중요한 가치를 잃는다고 생각했기 때문입니다. 존은 죽음에 대한

4부 또 다른 세계가 궁금한 너에게

불안과 공포가 없는 것보다 어머니의 죽음에 대해 애도하는 마음이, 여러 사람과 무제한 성관계를 갖는 것보다 한 사람에 대한 정결과 순정이, 소마를 통한 행복감보다는 자유와 고뇌가 더 소중한 가치이고 인간적인 조건이라는 주장을 하고 있습니다. 그래서 모두가 꿈꾸는 유토피아가 이런 소중한 가치와 인간성을 상실한다면 끔찍한 디스토피아로 전락할 수 있다는 경고를 보내는 것입니다.

12장

외계인은
적일까, 친구일까?

《엔더의 게임》(올슨 스콧 카드 지음, 백석윤 옮김, 루비박스)

 《엔더의 게임》은 어떤 내용일까?

엔더는 이제 막 학교를 다니는 아이입니다. 엔더는 자신이 태어나기 훨씬 전에 '버거'라고 불리는 외계생명체가 지구를 두 번이나 침략했지만 2차 침공 때 뛰어난 총사령관의 활약으로 인간들은 버거를 물리치고 평화를 찾았다고 배웠습니다.

엔더는 어릴 적 버거 가면을 쓰고 형과 버거를 잡는 우주전쟁 놀이는 많이 해봤지만, 실제로 버거에 대해서는 잘 알지 못합니다. 정부가 홍보하는 영상은 버거들의 우주선이 격파되는 장면만 보여줄 뿐 정작 버거가 어떤 존재인지 알려주지 않기 때문입니다.

버거의 침략 이후, 자본주의와 사회주의로 냉전 상태에 있던 인류는 일시적인 화해협정을 맺고 버거 종족을 전멸시키기 위해 인류 최고의 두뇌들을 뽑아 엘리트 군인을 육성하기 시작합니다. 조숙한 천재였던 엔더는 이 엘리트 군인을 육성하는 테스트에 뽑혀, 지구로부터 멀리 떨어진 행성에 있는 전투학교에서 수년간 특별 교육을 받습니다. 엔더는 교육생들 중에서도 두각을 나타내며 카리스마와 지도력을 인정받아 버거와의 최후의 전쟁에서 인류를 이끌 총사령관으로 선출됩니다.

엔더는 수많은 훈련 끝에 마침내 실전 투입 전의 마지막 모의 전투를 치릅니다. 어려움 속에서 기지를 발휘하여 버거를 전멸시킨 엔더는 사실 이 모의 전투가 실제 버거와의 전투였고, 자신이 그들의 행성을 완전히 폭발시켜버렸다는 사실을 알게 됩니다. 전투 결과가 지구에 알려지며 엔더는 인류의 영웅으로 추앙받지만 엔더 자신은 한 종족을 전멸시켰다는 죄책감에 빠져듭니다.

4부 또 다른 세계가 궁금한 너에게

광활한 우주에 지적 생명체가 지구에만 살고 있으리라 확신할 수는 없습니다. 우리가 지금 알고 있는 것이 전부라고 생각한다면 우물 안 개구리와 다름없을 것입니다. 우주 어딘가에서 살고 있는 지적 생명체가 먼 여행 중에 지구를 방문하거나 우리가 우주 탐사를 통해 지적 생명체를 찾아낼 가능성도 있습니다. 이런 가능성을 바탕으로 많은 영화와 소설은 외계인 침공으로 인류가 위기에 빠지고 영웅이 나타나 모든 것을 해결한다는 내용으로 전개되지요.《엔더의 게임》역시 우주의 낯선 존재와 세계를 상상하는 이야기입니다.

1 낯선 존재에 대한 본능적인 두려움

이 소설의 주인공 엔더는 이제 막 학교에 다니는 아이입니다. 엔더는 버거 가면을 쓰고 형과 버거를 잡는 우주전쟁 놀이는 해보았어도 정작 버거의 존재를 잘 알지는 못합니다. 정부가 홍보하고 있는 영상은 버거들의 우주선이 격파되는 장면만 보여줄 뿐 정작 버거가 어떤 존재인지 보여주지 않았기 때문입니다. 지구인 대부분은 버거를 잘 모른 채 미지의 낯선 존재로만 생각할 뿐입니다.

낯선 느낌은 우리에게 종종 불편함을 줍니다. 난생처음 외국인을 보았을 때, 남다른 신체를 한 사람을 처음 보았을 때처럼 말입니다. 버거라는 낯선 존재에 대해 지구인들이 갖는 두려움도 마찬가지일 것입니다. 우리의 일상생활에서도 친숙한 사람들 사이에 낀 낯선 사람은 '경계'의 대상입니다. 여자들만 있는 곳에 낯선 남자 한 명이 낀

다든지, 반대로 남자들만 있는 곳에 낯선 여자 한 명이 끼면 모두가 그 한 사람을 쳐다보며 나머지 사람과의 차이점에만 주목하게 됩니다. 그리고 그 사람을 '나와는 다른 사람', 즉 '타자'로 생각하게 됩니다. 이렇게 생김새가 다르고 사는 방식이 다르면 상대를 어떻게 이해해야 하는지 모르기 때문에 그를 '이방인'으로 취급하며 타자로 분류합니다.

그런데 왜 사람들은 수많은 소설과 영화를 통해 낯선 세계에 존재하는 낯선 타자를 상상해낼까요? 불편하고 경계하면서도 왜 스스로 이런 존재를 만들어내고 이해하려 애쓰는 것일까요? 그것은 아마도 낯섦이 불편하다고 해서 피할 수 있는 것이 아니라 우리가 살아가면서 직면할 수밖에 없기 때문일 것입니다. 지금까지 우리의 인생을 되돌아보면 낯선 것들과 만나고 그것들과 관계를 맺으면서 우리가 성장한 것이 아닌가 싶기도 합니다.

헤겔이라는 철학자는 자기와 다른 것에 대한 의식이 생겨나면서 비로소 자신을 의식하게 된다고 보았습니다. 자기를 본질적인 것으로 주장하고 다른 것, 즉 타자를 비본질적인 대상으로 설정함으로써 자기를 주체로 확립한다는 것입니다. 생각해보면, 이 세상에 나 혼자만 존재한다면 아무 일도 일어나지 않고 아무런 변화도 일어나지 않을 것입니다. 아무리 방 안에서 혼자 작업하는 작가라 할지라도 작가는 자신의 작품을 읽어줄 독자를 의식하고 작품을 쓰게 됩니다. 만약 지구상에 단 한 명의 독자도 없다면 과연 작가가 작품을 쓸 수 있을까요? 다른 사람, 즉 타자의 존재 없이는 어떤 일도 의미 없고, 가능하지 않게 될 것입니다. 이렇게 나 아닌 다른 것, 다른 사람과의 관계에서 나의 특성, 나의 일, 나의 책임, 나의 존재 가치가 드러나게 됩니다. 그래서 사람들은 좋든 싫든 타자와의 관계를 서로 인정하며 살 수밖에 없습니다. 그렇다면 타자라는 낯선 대상을 우리는 어떻게 바라보아야 할까요?

타자는 다양한 모습으로 우리 앞에 등장합니다. 평화롭게 살고 있는 원주민 마을에 쳐들어온 침략자부터 소음을 일으켜 나의 심기를 건드리는 이웃까지 다양한 타자가 있습니다. 이러한 타자는 나의 자유를 제약하고 나로 하여금 특정 행동을 하도록 강요합니다. 그러다 보니 타자에 대한 감정이 불편할 수밖에 없습니다. 예컨대 부모님의 사랑을 독차지하며 행복하게 지내고 있는데 동생이라는 존재가 태어나면 어떻게 될까요? 부모님의 사랑을 이전처럼 받을 수 없게 되고 부모님의 관심이 동생에게 더 머물고 동생을 위해 나의 몫을 양보해야 한다면, 새로 태어난 동생이 귀엽다는 마음보다는 속상하고 얄미운 마음이 들게 되지 않을까요?

철학자 알랭 핑켈크로트는 이러한 감정을 좀 더 극단적으로 표현하여, 타자에 대한 사랑은 가능하지 않다고 주장합니다. 타자라는 존재가 자신의 주체적인 권리를 빼앗고 나로 하여금 어쩔 수 없이 어떤 행동을 하도록 강요하기 때문에 타자를 증오할 수밖에 없다는 것입니다.

핑켈크로트가 타자에 대한 미움과 증오의 사례로 들고 있는 것이 나치의 유대인 대학살입니다. 나치가 유대인을 무차별적으로 학살한 것은 단지 유대인이 미웠기 때문이라고 말합니다. 유대인은 엄격한 방식으로 살면서 다른 민족과 단절하려는 태도를 지니고 있었습니다. 나치를 비롯한 반유대주의자들은 이러한 유대인들의 거만한 분리주의를 증오했습니다. 게다가 나치는 유대인들이 언제나 어느 곳에나 존재하지만 그 모습을 뚜렷이 겉으로 드러내 보이지 않아 파악조차 되지 않는 '잡히지 않는' 존재로 생각하였습니다. 나치는 제1차 세계대전 후 독일의 암울한 불행을 유대인 탓이라고 몰아세웠고 유대인들이 독일의 자유와 권리를 구속한다고 주장했습니다. 그래서 나치는 그들을 병균과 같은 '침입자'로 규정하고 무차별적으로 학살했다는 것입니다.

핑켈크로트의 이러한 설명은 나치가 행한 유대인 대학살을 정당화하려는 것이 아닙니다. 핑켈크로트 자신도 유대인이고, 그의 부모님은 아우슈비츠 수용소에 수감된 적이 있습니다. 그는 나치를 옹호하고 싶었던 것이 아니라 유대인 학살의 원인을 밝히고 싶었던 것입니다. 그리고 그것이 바로 타자에 대한 증오에서 비롯한 나치의 광기라고 설명합니다. 나치가 그랬듯 모든 불행을 어느 한 대상에게 전부떠넘기고 싶은 마음은 분명 광기에 해당합니다. 나치가 유대인을 향해 기생충이니, 음모자니 하며 온갖 비난을 퍼부었던 것이 바로 광기에 찬 행동입니다. 그런 광기에 독일의 많은 사람들이 동조할 수 있었던 것은 타자를 하나의 상처로 여기고 그 상처를 없애버리겠다는 잘못된 생각이 만연했기 때문입니다.

《엔더의 게임》에서 버거는 인류에게 위협이 되는 '타자'입니다. 버거는 우주선을 타고 지구 밖에서 날아와 인류를 두 차례 위기에 빠뜨렸습니다. 지구에 사는 모든 사람들은 그런 버거를 증오하며 3차 침공을 대비해 전지구적인 협력을 시도합니다. 이러한 협력은 지구상의 전쟁이나 갈등을 일시적으로 중단하게 하고 인류의 공동의 적이자 증오의 대상인 버거를 물리치는 데 전력을 다하게 합니다. 전지구적으로 버거라는 타자를 제거하는 것만큼 확실하고 명확한 목표는 없습니다. 그런데 모든 타자가 무조건 미움과 증오의 대상이라고 단정할 수 있을까요?

[2] 타자에 대해 왜 내가 책임져야 할까?

엔더에게는 그를 사랑으로 잘 돌봐주는 누나 발렌타인과 그를 죽여버리겠다고 위협하며 괴롭히는 형 피터가 있습니다. 피터는 여동생 발렌타인과 막내 동생 엔더를 철저히 타자로 생각하고 미움과 증오로 대합니다. 피터의 행동은 핑켈크로트의 타인에 대한 미움과 증오로 설명할 수 있습니다. 동생들로 인해 자신의 몫이 줄어들고 자신의 행동에 제약이 생기고 동생들과 비교당하는 것이 그에게는 속상한 일입니다. 그렇지만 발렌타인은 엔더를 자신이 잘 돌봐주고 책임져야 할 대상으로 여기며 사랑으로 감싸줍니다. 어떻게 한 대상을 두고 피터와 발렌타인은 서로 다른 태도를 가질까요?

발렌타인의 입장에서는 피터가 엔더를 괴롭히든 말든 상관하지 않는 편이 낫습니다. 어린 동생 엔더를 보호하려 할수록 오빠 피터가 발렌타인에게 더 심술궂게 대하기 때문입니다. 그러나 발렌타인은 오빠의 괴롭힘까지 감수하면서까지 어린 동생을 지켜줍니다. 발렌타인은 어린 동생을 보살피는 것이 자신의 책임이라고 생각한 것입니다.

발렌타인을 이해하기 위해서는 철학자 에마뉘엘 레비나스의 말을 되새겨볼 만합니다. 레비나스는 우리 모두가 '타인에 대한 책임'을 가지고 살아야 한다고 했습니다. 그가 말하는 타인에 대한 책임은 부모 자식, 형제자매와 같이 가까운 사이를 두고 말하는 것이 아닙니다. 가족이나 친구에 대한 책임은 자기 자신의 문제와 깊은 관련이 있습니다. 레비나스는 전혀 모르는 낯선 사람들에 대한 책임, 자신의 문제가 아닌 것에 대한 책임, 자신과 관계없는 것에 대한 책임을 주장합니다. 그렇다면 레비나스의 관점에서는 발렌타인이 동생에 대해 갖는 책임보다는 우리와 전혀 공통점을 찾을 수 없는 버거들에 대한 책임을 더 진지하게 고려해보아야 할 것입니다.

철학
Talk
Talk

엠마뉘엘 레비나스(Emmanuel Levinas, 1906-1995)

리투아니아에서 유대인으로 태어났다. 1939년 프랑스 군인으로 제2차 세계대전에 참전했으며 5년간 포로 생활을 하다 종전과 함께 풀려났다. 부모님과 형제들은 모두 아우슈비츠 수용소에서 학살당했다. 우리는 책임에 대해 말할 때 자신이 한 일에 대해 한정 짓지만 레비나스는 자신이 하지 않은 일뿐만 아니라 이웃의 책임까지도 자신이 떠맡아 책임져야 한다고 주장한다. 나라는 주체는 타인에 대한 나의 책임에서 형성되고 성립한다고 본다. 이처럼 그가 타인에 대한 무한 책임을 강조하는 것은 다른 사람에 대한 책임 속에서 내가 나일 수 있다고 보기 때문이다.

4부 또 다른 세계가 궁금한 너에게

일반적으로 책임은 자신이 행한 일이나 아주 가까운 관계에 있는 사람들에 한정됩니다. 숙제를 안 하고 놀았다면 그에 대한 책임으로 벌을 받든가 감점을 당하는 것을 받아들여야 합니다. 점심값을 남기지 않고 게임하는 데 다 써 버렸다면 점심을 거르고 배고픈 것을 감수해야 합니다. 이렇듯 책임은 일차적으로는 내가 행한 일의 결과를 받아들이는 것을 의미합니다. 자기 자신 이외에도 부모가 자식에 대해, 가까운 친구가 서로에 대해 책임을 갖기도 합니다. 그러나 레비나스가 타인에 대해 책임을 져야 한다고 말할 때는 그런 가까운 관계에서의 책임이 아닙니다. 내가 상대에게 호의를 베풀었다고 상대가 그에 상응하는 호의를 되갚아주기를 기대해서도 안 됩니다. 레비나스가 말한 타자에 대한 책임은 그야말로 낯선 이방인에 대해 보답을 기대하지 않는 책임을 의미합니다. 과연 이러한 것이 가능할까요? 지구 반대편에 있는 난민들에 대해 우리가 책임이 있다고 말할 수 있을까요? 무능한 독재정권에 살고 있는 배고픈 어린이들에 대해 풍족하게 살고 있는 우리가 왜 책임을 져야 할까요? 그 아이들이 배고픈 것은 무능한 독재정권을 용인하는 그들의 부모들이 책임질 문제가 아닐까요?

낯선 타인에 대한 책임을 주장하는 레비나스는 자신의 생각이 러시아의 소설가 도스토예프스키의 작품에서도 나타나고 있다고 말하면서 다음의 인용구를 소개합니다. "우리 모두는 모든 사람보다 앞서 모든 사람에 대해 모든 것에 대해 죄인이다. 그리고 다른 사람들보다 내가 더 큰 죄인이다." 사실 도스토예프스키가 어떤 죄를 저질러서 이렇게 말한 것은 아닙니다. 여기서의 죄인이라는 말은 레비나스가 말한 '책임'의 의미입니다. 레비나스는 자신이 모든 책임에 대해 책임이 있고, 그것이 모든 다른 이들을 위한, 그리고 다른 이들의 모든 것을 위한, 심지어 그들의 책임을 위한 응답이라고 말합니다. 과연 이말이 성자들 이외에 우리와 같이 평범한 사람들에게도 통하는 이야기일까요? 우리가 왜 남에 대해 남보다 더 책임을 떠맡아야 할까요?

레비나스가 타자를 위한 책임을 떠맡는 행동을 괜히 하라고 한 것은 아닙니다. 세상을 선하게 만들기 위한 계획에서 그런 주장을 한 것이 아닙니다. 레비나스는 타자에 대한 책임을 떠맡는 가운데 주체성이 생겨난다고 주장합니다. 과연 그럴까요? 돌이켜 생각해 보면, 타인을 위하고 그에 대해 책임을 지는 것은 다른 누가 아닌 바로 나 자신입니다. 나의 책임은 누구에게 떠넘길 수 없고 누구도 나를 대신할 수 없습니다. 참다운 나의 정체성이 바로 이 타인에 대한 책임으로부터 시작되는 것입니다. 예컨대 아픈 아이를 둔 부모는 아이에 대해 전적인 책임이 있습니다. 자신을 희생하며 아이를 돌보고 책임지는 역할을 다른 누구에게 대신하라고 할 수 없습니다. 바로 그 아이를 돌보고 책임지는 것 때문에 부모로서 정체성이 주어지는 것이고 그런 역할을 해내는 동안 인간으로서의 존엄성을 지킬 수 있습니다. 만약 아픈 아이를 책임지는 것이 힘들고 싫다고 남에게 떠맡기려 하거나 외면한다면 그 사람은 부모라고 불릴 자격이 없고 전혀 존중받을 수 없을 것입니다. 이처럼 인간은 인간으로 태어났다고 처음부터 주체성과 존엄성을 갖게 되는 것이 아니라 스스로 타인에 대해 책임지는 한도 내에서 주체성과 존엄성을 갖게 되는 것입니다.

그렇다면 발렌타인이 엔더를 돌보고 책임지는 행동 역시 결과적으로는 그녀의 주체성을 확고히 해주고 존엄성을 높여준다고 할 수 있습니다. 발렌타인이 피터의 괴롭힘을 걱정하여 엔더의 위험을 외면했다면 발렌타인은 주체성 대신 비굴한 수동성을 익혔을 것이고, 엔더로부터 존중받지 못했을 것입니다. 발렌타인은 엔더를 지켜주고 엔더에 대한 책임을 지는 동안 그녀 자신의 확고한 주체성을 세워나갈 수 있습니다. 그런데 레비나스는 타인에 대한 책임을 가까운 사람에 국한하지 않고 낯선 타자에게까지 확장합니다. 자신의 동생을 돌보고 책임지는 것은 누나로서 당연한 도리지만 과연 낯선 타자에게까지 그런 책임을 짊어져야 하는지 여전히 의문입니다. 우리는 왜 낯선 존재에 대해서까지 책임을 져야 할까요?

 ## 3 말을 하고 있는 타인의 얼굴

피터와 발렌타인과 엔더는 모두 똑똑하고 조숙한 천재들입니다. 그들 모두 국제 함대 전투 학교 테스트를 받게 되는데, 발렌타인은 유약한 성격 탓에, 피터는 폭력적인 성격 탓에 테스트에서 떨어지고 엔더만 통과합니다. 엔더는 지구로부터 멀리 떨어진 행성에 위치한 전투학교에서 수년간 특별 교육을 받게 됩니다. 온갖 역경을 딛고 마침내 총사령관이 된 엔더는 마지막 시험이라고 전해 들은 모의 전투에서 버거들을 전멸시키고 맙니다. 그런데 엔더는 전투가 끝나고 그것이 실제 버거와의 전투였고, 핵무기보다 훨씬 막강한 무기로 버거들이 사는 행성을 공격한 탓에 그들의 행성이 완전히 폭발해버렸다는 것을 나중에 알게 되고 죄책감에 빠져듭니다.

엔더는 전투학교에서 훈련받으면서도 늘 버거의 얼굴을 보고 싶어 했습니다. 그들을 보면 그들을 이해할 수 있을 것이라 생각했기 때문입니다. 그런데 엔더에게는 한 가지 고민이 있었습니다. 버거의 얼굴을 보고 그들을 이해하게 되면 사랑하게 될 텐데 사랑하게 되어서도 그들을 공격하고 무찌를 수 있을까 하는 것이었습니다. 엔더의 고민대로 버거의 얼굴을 보고 그들을 이해하게 되었다면 아마 엔더는 마지막 전투에서처럼 치명적인 무기로 버거들이 살고 있는 행성을 파괴하지 못했을 것입니다. 버거에 대한 아무런 이해도 없었고, 책임감도 느끼지 않았기 때문에 모의전투라는 가정 하에서나마 그들을 전멸시킬 수 있었던 것입니다.

레비나스에 의하면 타인의 얼굴은 매우 특별한 의미를 가지고 있습니다. 타인의 얼굴은 우리에게 "나를 죽이지 마세요"라고 말한다고 합니다. 레비나스가 말하는 얼굴은 그 사람의 피부색, 눈매, 코, 턱과 같은 생김새를 말하는 것이 아닙니다. 레비나스는 타인의 얼굴이 생김새나 그 사람의 신분을 보여주는 것이 아니며, 심지어 '보이는 것'이 아니라고 합니다. 타인의 얼굴은 우리가 그 타인을 죽일 수 없다는 것을 깨닫게 해준다고 합니다. 타인의 얼굴은 나에게 "너는 살인하지 말라"고 명령합니다. 타인의 얼굴은 다른 한편으로는 가난하고 궁핍하다고 합니다. 이때의 '궁핍' 역시 특별한 의미를 지닙니다. 타

4부 또 다른 세계가 궁금한 너에게

인의 얼굴이 마르고 윤기가 없어서 가난하고 궁핍한 것이 아니라 나에게 무엇이든 해야 할 것을, 그 일을 하지 않으면 빚지는 마음이 들게 하는 점에서 가난하고 궁핍하다는 것입니다. 예컨대 길을 가다 위험에 처한 어린아이를 보았다고 했을 때, 우리는 그 아이의 얼굴 속에서 위험에서 벗어나도록 도와달라는 부탁을 읽게 됩니다. 아이의 얼굴을 마주한 나는 그 아이의 부탁을 받은 첫 번째 사람이 되는 것입니다. 그리고 도와주려는 노력을 하게 됩니다. 그 아이의 얼굴 생김새와는 상관없이 말입니다. 누구든 아이의 얼굴에서 살려달라고 호소하는 부탁을 외면하지는 못할 것입니다. 그리고 부탁에 응하는 자만이 인간으로서의 주체성과 존엄성을 지킬 수 있습니다. 만약 어떤 사람이 아이의 얼굴에서 살려달라고 간절히 호소하는 부탁을 외면하고 지나쳐버린다면 우리는 그를 인간성을 지닌 존재로 보지 못할 것입니다.

 4 낯선 존재에 대한 상상은 왜 필요한가

엔더는 자신이 버거들의 행성을 초토화시킨 것에 깊은 자책을 느끼며 지구로 돌아오지 못하고 버거들이 만들어놓은 기지 행성에 머물게 됩니다. 그러던 어느 날 자신이 머물고 있는 기지 근처에서 수정된 버거 여왕의 번데기를 발견하게 됩니다. 그리고 인간들이 버거라고 부르는 이들은 개미나 꿀벌처럼 여왕과 일꾼들로 구성된 집단이고 여왕이 전체를 통솔한다는 것을 알게 됩니다. 엔더는 고치 안의 여왕과 교감을 하며 살려달라는 여왕의 말을 듣습니다. 여왕은 인간들이 자신의 종족을 해친 것을 이해하고 용서한다면서, 앞으로 인간들과 평화롭게 지내고 싶다는 마음을 전달합니다. 엔더는 여왕의 마음을 이해하게 되고 여왕이 안전하게 고치에서 깨어나 살아갈 수 있는 장소를 찾아주겠다고 결심합니다. 그리고 여왕으로부터 알게 된 사실을 토대로 여왕이 직접 말하는 것처럼 글을 써서 '죽은 자의 대변인'이라는 이름으로 책을 출판하여, 지구에 사는 인간들이 버거를 제대로 이해할 수 있게 도와줍니다. 그 책에는 인간과 버거는 적이 아니며 비극적 운명을 맞은 형제자매로 기억해달라는 메시지가 있습니다. 운명 때문이든 신이 그렇게 한 것이든 진화에 의한 것이든 버거들과 인간은 다른 형태로 변해버린 형제자매이며, 그들이 가꾸어온 기지에 인간들이 이주하여 살게 된 것을 환영한다는 내용입니다.

엔더는 다른 이들과 달리 진심으로 버거의 정체를 이해하고 싶어 했고, 이해하고 난 뒤에는 이들을 포용하고자 노력했습니다. 우리가 소설을 통해 낯선 존재, 낯선 세계를 상상하고 이해하고자 하는 노력 역시 엔더가 했던 행동과 비슷하지 않을까요? 상상력은 우리의 관점을 넓혀주고 우리의 마음을 변화시킬 수 있는 힘을 갖습니다. 알지 못하는 무언가를 막연히 두려워하고 위협적인 존재로서 적대시하여 제거하려 들기보다, 있는 그대로 존중하고 그 존재에 대해 책임을 지려는 노력을 하며 인간으로서의 정체성과 주체성을 세우는 것이 중요합니다. 이것을 실현하는 데에 필요한 것이 바로 우리의 상상력입니다.

4부 또 다른 세계가 궁금한 너에게

지금 이 순간을
행복하게 살고 싶은
너에게

무언가를 얻겠다는 목표를 세우고 마침내 그것을 소유하게 되었다고 해서
행복에 도달하는 것은 아닙니다. 행복은 무엇을 소유하는가의 문제가 아니라
우리가 어떤 태도로 살아가느냐 하는 존재의 문제입니다.

13장

행복은
어디에서 찾을까?

《**파랑새**》(모리스 마테를링크 지음, 이용복 옮김, 지만지)

 《파랑새》는 어떤 내용일까

··

   어린 남매 틸틸과 미틸은 크리스마스 선물을 받지 못합니다. 부모님께서 멋진 옷과 맛있는 음식을 마련해줄 형편이 아니기 때문입니다. 크리스마스 전날 밤 두 남매는 창문 너머로 부잣집의 파티를 보며 자신들의 처지를 아쉬워합니다. 그때 한 허름한 요정이 나타나 자신의 아픈 딸을 위해 파랑새를 찾아달라고 부탁합니다.

   틸틸과 미틸은 요정과 함께 추억의 나라, 행복의 정원, 오두막집을 두루 돌아다니지만 파랑새를 찾을 수는 없었습니다. 하지만 여행을 통해 남매는 진정한 행복이 무엇인지에 대해 다시 생각해보게 됩니다.

   다음날 잠에서 깼을 때, 집에 있던 평범한 새가 파랑새로 변해 있었습니다. 행복이 자신의 마음먹기에 달려 있다는 것을 깨달은 남매는 파랑새를 이웃집에 사는 아픈 소녀에게 선물합니다.

어렸을 때 읽은 동화들은 대개 주인공들이 어려움을 극복하고 행복을 맞이하는 것으로 끝납니다. 어떤 동화에서는 주인공이 그 이후로도 내내 행복하게 살았다고 덧붙입니다. 그런데 과연 일생을 행복하게 사는 것이 가능할까요? 삶은 끊임없이 시시각각 변합니다. 사람들은 살면서 예기치 못한 일을 맞이하고 그것을 해결하면 또 다른 문제에 직면합니다. 그런 삶의 과정에는 성취도 있지만 실패도 불가피합니다. 아무리 넉넉한 재산, 아름다운 몸, 명석한 두뇌를 가지고 태어나도 행복으로만 가득한 삶을 살 수는 없습니다.

《파랑새》는 행복이라는 주제를 다룬 작품으로 알려져 있습니다. 동화로 각색된 덕분에 파랑새가 행복을 불러오는 새라는 것, 그리고 행복은 마음으로, 멀리서가 아니라 주변에서 찾아야 한다는 메시지를 많은 사람들이 기억합니다. 이러한 행복의 공식을 안다고 지금 당장 행복을 얻을 수 있는 것은 아닙니다. 뿐만 아니라 《파랑새》를 자세히 읽다 보면 행복에 대한 의문들이 계속 꼬리를 물고 이어집니다.

1 행복한 마음, 불행한 마음

《파랑새》의 주인공 틸틸과 미틸은 크리스마스 선물을 받고 싶지만 받지 못합니다. 부모님께서 멋진 옷과 맛있는 음식을 마련해줄 형편이 아니기 때문입니다. 이들은 창밖으로 불빛이 환하게 비추는 이웃집을 구경합니다. 그 집에서는 크리스마스 파티가 한창이고 맛

있는 과자들이 쌓여 있습니다. 이들은 이웃집의 음식들을 마음껏 맛보는 상상에 빠집니다. 그러면서 자신의 부모님이 그렇게 해주지 못하는 것을 아쉬워하게 됩니다. 대부분의 불행은 이처럼 상대적인 비교에서 찾아옵니다. 비교하는 마음이 심할수록 행복은 멀어져 갑니다.

　비교하는 마음에 관심을 둔 철학자는 장 자크 루소입니다. 루소는 문명의 때가 끼지 않은 자연 상태를 최고의 상태로 본 철학자입니다. 루소가 한 유명한 말은 "자연으로 돌아가라"입니다. 자연 상태에서 인간은 다른 사람의 시선에 얽매이지 않고 자신의 본성에 따라 자연스런 삶을 살기 때문에 비교하는 마음이 없다고 합니다. 그러나 문명의 발달로 다른 사람의 시선을 의식하고, 다른 사람이 가진 것과 자신의 것을 비교하면서 질투가 생겨나고 이기심이 생겨나 타락하게 되었다고 합니다. 루소는 이를 두고 '문명에 의한 인간의 타락'이라고 합니다. 그래서 루소는 문명의 타락 이전의 훼손되지 않은 인간 본연의 모습을 찾는 것을 추구합니다. 그 방법은 시기와 질투를 넘어 사랑과 동정심을 갖는 것이며 가식적 허위를 넘어 인간의 원초적 생명력을 회복하는 것입니다.

　루소는 남들과 비교하는 데서 생겨나는 이기심과 자연 상태에서 생명을 보존하기 위해 생겨나는 자기애를 구분합니다. '자기애'는 인간이 자기 보존을 위해 자신을 아끼고 사랑하는 감정입니다. 자기애는 비교하는 데서 오는 것이 아니기 때문에 실질적인 욕구가 채워지는 것으로 충족됩니다. 집과 옷을 예로 들자면 추위로부터 몸을 보호하기에 충분한 안락한 집과 깨끗한 옷이 주어질 때 충족되는 것이 자기애입니다.

그러나 오늘날 우리는 추위를 막아주는 집에 만족하지 않습니다. 더 좋은 동네의 더 크고 좋은 새 집을 원합니다. 옷도 마찬가지입니다. 추위를 막아주는 옷에 만족하지 않고 더 고급스런 옷, 새로운 스타일의 옷을 원합니다. 자신의 것이 부족할 때는 남들만큼 갖고 싶어지고, 남들만큼 갖게 되면 남들보다 더 돋보이는 것을 갖고 싶어 합니다. 남들과 비교하기 시작하면 남들이 가진 것 이상으로 더 좋은 것을 욕망하고 집착하게 됩니다. 그러면서 생기는 감정이 시기와 질투, 이기심입니다. 자신이 가진 것보다 더 많은 것을 바라고 남들의 시선에 집착하는 이기심은 결국 우리를 불행하게 만듭니다.

루소에 따르면 자기애는 다정하고 온화한, 선한 감정이지만 이기심은 미워하고 화를 잘 내는, 악한 감정이라고 합니다. 그렇다면 어떻게 온화하고 선한 감정인 자기애가 이기심으로 빠져들지 않을 수 있을까요? 루소는 다른 사람에 대한 사랑과 동정의 마음을 갖는 것으로 가능하다고 말합니다. 인간은 고통받는 허약한 존재입니다. 그러므로 자기에 대한 사랑을 자신과 마찬가지로 고통을 겪는 다른 모든 인간들에게 확장할 수 있다고 보았습니다. 고통을 겪는 불행한 인간들을 진심으로 동정하고 자기 자신 또한 그들이 겪는 고통을 언젠가 자신이 겪을 수 있다고 생각하면서 이기심을 극복하는 것이 바로 루소가 주장한 감정교육입니다.

루소는 이기심을 극복하는 감정교육 방법들을 제시하는데, 제1준

장 자크 루소(Jean Jacques Rousseau, 1712~1778)

18세기에 유럽은 계몽주의 시대였다. 이성을 통하여 세계를 과학적으로 인식하고 이러한 인식을 기초로 세계에 대한 합리적 질서를 세워나가는 시기였다. 그러나 루소는 과학, 예술, 기술의 발전을 포함한 문명의 발전이 인류의 진보를 가져온다는 믿음을 공격하여 타락한 사회 질서가 아닌 자연에 따라 사는 새로운 인간을 형성할 것을 제안했다. 대표적인 저서로는 《인간 불평등 기원》, 《에밀》, 《고독한 산책자의 몽상》 등이 있다.

칙은 행복한 사람의 입장이 아니라 동정심을 유발하는 사람의 입장에 자신을 놓는 것이고, 제2준칙은 자신도 예외가 아니라고 생각되는 불행과 관련하여 사람들을 동정하는 것입니다. 이러한 준칙은 고대 로마의 베르길리우스가 말한 "내가 불행한 사람을 도울 수 있는 것은 불행을 알기 때문입니다"라는 시 한 구절을 연상시킵니다. 이는 어려운 처지에 있는 사람들이 자신보다 더 어려운 사람을 상대로 선행을 실천하는 것을 봤을 때 타당한 말입니다.

《파랑새》의 결말에 이르면 틸틸은 무척 달라진 모습을 보입니다. 집 안에 있던 새가 파랑새로 변해 있는 것을 보고 기뻐하며 자신들보다 더 형편이 안 좋은 이웃집 아픈 소녀에게 파랑새를 선물로 주게 됩니다. 가난한 이웃집의 아픔에 눈뜨고, 동정심을 느끼며 도와주면서 비로소 행복한 마음을 갖게 된 것입니다.

2 주어진 운명대로 살면 행복할까?

자신을 남과 비교하지 않으면서 행복한 마음에 이른 사람은 어떤 사람일까요? 누구와도 비교되지 않을 만큼 애초부터 고귀한 황제의 신분이거나 남들과의 비교가 불가능한 처지의 노예가 아닐까 생각됩니다. 고대 로마의 황제 마르쿠스 아우렐리우스와 노예 에픽테토스처럼 말입니다. 황제와 노예라는 엄청난 신분 차이에도 불구하고 이 두 사람은 같은 철학 사상을 지지했고, 남과 비교하지 않는 자신의 삶을 살았다는 점에서 공통점이 있습니다. 에픽테토스는 자신의 불행을 아무 불평 없이 받아들이며 살았던 인물로 알려져 있습니다. 그는 자신의 주인이 그의 다리를 붙잡고 심하게 비트는데도 아주 태연스럽게 "계속 그렇게 하시면 제 다리가 부러질 것입니다"라고 말했습니다. 실제로 계속 비틀다 결국 부러지자, 태연스럽게 "제가 그렇게 말하지 않았습니까?"라고 말했다고 합니다. 그나마 다행인 것은 에픽테토스의 다리가 부러진 후 노예 신분에서 해방되어 자유롭게 철학을 할 수 있게 된 것입니다. 에픽테토스에게 사상적으로 영향 받은 인물 중 하나가 황제 아우렐리우스입니다.

에픽테토스와 아우렐리우스는 철학의 학파로는 스토아 철학에 해당합니다. '스토아(stoa)'는 '울긋불긋한 강당'이란 뜻으로 이 학파의 창시자 제논이 벽화가 그려진 강당에서 강의했기 때문에 생겨난 이름입니다. 이 당시 로마는 국가의 힘이 거대해져 개인의 힘이 미약했습니다. 소외와 고독감, 무기력감을 느끼는 개인이 낯설고 불확실한 미래에 어떻게 살아야 하는가를 물을 수밖에 없는 상황이었습니다.

이러한 상황에서 스토아 철학은 자신에게 주어진 운명을 받아들이도록 가르쳤습니다. 개인이 전체 앞에서 무기력해질 때 그가 선택할 수 있는 것은 결정론, 운명론입니다. 자신의 삶이 자신에 의해서가 아니라 어떤 외부적인 힘에 의해 운명적으로 결정된다고 생각하는 것입니다. 운명은 우리의 바람과 상관없습니다. 나의 운명이 나의 바람과 다르다고 해서 불평해봐야 소용없습니다. 그저 운명의 뜻에 따라 나를 맡기는 것이 최선입니다. 에픽테토스는 우리가 작가에 의해 정해진 대로 연기하는 연극배우에 지나지 않는다고 말했습니다. 배역을 선택하는 것은 작가의 몫이고, 주어진 배역을 성실히 연기하는 것은 배우의 몫입니다.

그렇다면 막강한 운명이 우리를 지배하고 그 운명이 어떻게 흐를지 알 수 없는 상황에서 행복은 불가능한 것일까요? 행복을 아예 체념하고 살아야 할까요? 이에 대해 스토아 철학은 그렇지 않다고 말합니다. 운명이 아무리 우리에게 굴레를 씌운다 해도 우리의 마음만은 우리 자신의 것입니다. 우리가 가진 정신의 덕만큼은 우리 자신의 힘 아래 있습니다. 우리에게 아무리 어려운 일이 닥치더라도 우리 스스로가 용납하지 않는 한, 정신의 덕은 꺾을 수는 없습니다. 스토아 철학에서 말하는 정신의 덕은 구체적으로 지혜와 절제, 정의와 용기의 덕을 의미합니다. 이러한 덕은 건강이나 신분, 재산과는 아무런 상관이 없는 것입니다. 따라서 우리가 경계해야 할 것은 가난과 질병과 죽음이 아니라, 가난 앞에서 비굴해지는 것, 질병 앞에서 약해지는 것, 죽음 앞에서 두려워하는 것입니다.

어떻게 해야 두려움 없이 지혜와 절제, 정의와 용기를 지키며 마음의 평정을 유지하고 살 수 있을까요? 스토아 철학은 어떤 일이 닥쳐도 두려움을 갖지 않는 정신적 의연함을 가지라고 말합니다. 이를 정념 없는 상태, '아파테이아(apatheia)'라고 합니다. 틸틸의 경우에는 이웃집의 크리스마스 파티를 창밖으로 바라보면서 그들처럼 화려하게 차려 입고 맛있는 음식을 즐기는 것을 부러워하고 시기하면 불행한 마음이 찾아올 것입니다. 그러나 만약 이웃집과 자신의 집을 비교하지 않고, 지금 이대로의 상황을 운명으로 받아들이고 감정적으로 평정심을 유지한다면 그런 마음은 생기지 않을 것입니다.

이러한 철학에도 한계는 있습니다. 스토아 철학은 욕망을 버림으로써 고통은 피하게 하지만 그 이상은 기대할 것이 없습니다. 자신의 운명에 대해 더 이상 의심하지 않고 불평하지 않기 때문에 현재의 상태에서 더 나아지고자 하는 노력도 찾을 수 없습니다. 그리고 자신의 삶에서 어디까지를 운명으로 보고 받아들일지가 분명하지 않다는 것도 문제입니다. 가난한 집안에 태어난 사람이 그것을 운명으로 받아들이고 극복하려는 노력을 하지 않는다면 어떻게 될까요?

3 파랑새는 어디 있을까?

틸틸이 파랑새를 찾기 위해 떠나는 여행은 자신들의 행복을 위해 스스로 계획한 것이 아니라 아픈 소녀를 둔 누추한 요정의 부탁 때문에 시작된 것입니다. 이 요정은 아픈 딸을 둔 이웃집 아주머니를

닮았습니다. 틸틸이 요정의 부탁을 거절하지 않은 것은 이웃집 아픈 소녀에 대한 동정심이 떠올라서였는지도 모르겠습니다.

파랑새를 찾기 위해 떠난 아이들의 여행은 행복이 과연 어디에 있는가에 대한 생각들을 곱씹게 해줍니다. '추억의 나라'에서는 행복했던 과거로 되돌아가는데, 그것을 추억하는 순간은 행복하지만 현실로 돌아왔을 때는 더 이상 행복이 지속되지 못한다는 것을 알게 됩니다. '행복의 정원'에서는 모든 것이 풍족하고 화려했지만 시간이 갈수록 그들이 점점 이기적으로 변하는 것을 깨닫습니다. 또 '오두막집'에서는 일상적이고 소소한 행복들을 알게 됩니다. 건강하게 지내는 행복, 맑은 공기의 행복, 부모를 사랑하는 행복, 푸른 하늘의 행복, 태양이 빛나는 시간의 행복, 석양의 행복, 별이 가득한 것을 보는 행복 등 끝도 없이 많은 행복들이 아이들을 향해 인사했습니다. 여러 행복들에 이어 기쁨들도 찾아왔습니다. 정의로워지는 기쁨, 선해지는 기쁨, 일을 다 끝낸 기쁨, 생각하는 기쁨, 이해하는 기쁨, 아름다운 것을 보는 기쁨, 사랑하는 기쁨……. 그리고 마지막에는 기쁨 중에서도 가장 순결한 기쁨이 멀리서 두 팔을 벌리고 다가왔는데, 바로 어머니의 사랑이라는 기쁨이었습니다. 이 기쁨으로 인해 틸틸과 미틸은 주변에 있는 모든 것을 어떻게 바라보아야 하는지 깨닫고 서로가 사랑하는 마음으로 안아준다면 어디나 다 천국이라는 것을 알게 됩니다. 이들은 파랑새와 상관없이 행복해지는 법을 알게 된 것입니다.

여행을 마친 다음날 아침, 집에 있던 평범한 새가 파란색으로 변한 것을 보고 틸틸은 그 새를 이웃집 소녀에게 줄 생각을 하게 됩니다. 파랑새를 선물 받은 이웃집 소녀는 매우 행복했습니다. 그렇지만 파랑새가 금세 그녀의 손에서 빠져나가 어디론가 날아가버리자 소녀는 울고 맙니다. 틸틸은 소녀와 달리 파랑새가 날아가버린 것을 아쉬워하지 않습니다. 파랑새는 행복을 가져다주는 마법의 새라기보다는 따뜻한 마음가짐으로 지금 현재의 이 순간을 바라볼 때 자연스럽게 스며드는 마음이라는 것을 깨달았기 때문입니다.

4 행복은 감정이 아니라 상태다

《파랑새》가 말해주는 것처럼 모든 행복이 관점을 바꿈으로써 얻을 수 있는 것일까요? 대부분은 그럴 수 있지만 모든 경우에 다 그렇지는 않습니다. 컵에 물이 절반가량 차 있는 것을 보고, "물이 반밖에 없네"라고 할 수도, "물이 반이나 있네"라고 할 수도 있습니다. 그런데 목이 마른 열 명의 사람이 이 컵을 바라보면서 하는 말과 충분한 식사 후 한 사람이 이 컵을 바라보면서 하는 말은 같을 수 없습니다. 그러니까 무조건 긍정적 관점을 가짐으로써 행복을 얻을 수는 없다는 것입니다. 예컨대 틸틸네 집안 사정이 지금보다 더 나빠져 부모님도 돌아가시고, 오두막도 불타버리고, 아무것도 남아 있지 않았다면 어떻게 될까요? 이러한 상황을 앞서 스토아 철학에서 말한 대로 운명이라 받아들이고 가난과 고난을 곁에 두고 살면서도 행복할 수 있을까요? 행복은 각자가 생각하기에 달려 있다고 하면서 스스로 행복하다고 생각하는 것만으로 행복해질까요?

5부 지금 이 순간을 행복하게 살고 싶은 너에게

한편 누군가가 게임중독에 빠져 있으면서 게임을 하는 것이 행복이라고 생각하면 어떻게 그것을 멈출 수 있을까요? 행복을 개인의 관점, 개인의 만족감으로만 생각하면 이른 아침 졸린 눈을 비비며 학교나 일터로 가야 하는 사람보다는 진흙탕에서 뒹굴며 노는 배부른 돼지가 더 행복할 것입니다. 우리가 원하는 것은 돼지의 만족감이 아니라 인간으로서의 행복입니다. 인간의 행복은 돼지의 만족감과 어떻게 다를까요?

　아리스토텔레스는 인간으로서 행복하다는 것에 답하고 있습니다. 그는 인간의 모든 행동이 좋음을 목표로 이루어진다고 말합니다. 아리스토텔레스는 여러 좋은 것 중에 그 자체로 좋은 것을 탁월함, 즉 덕(arete)이라고 했습니다. 그리고 인간이 궁극적으로 도달하고자 하는 것 중 가장 좋은 것을 '행복한 삶'이라고 했습니다. 아리스토텔레스에 의하면 행복한 삶은 덕을 갖추고 수시로 그것을 실행하는 삶입니다. 이때의 덕은 행복을 위한 수단이 아닙니다. 덕을 발휘하는 것 자체가 행복한 삶이자, 최고로 좋은 삶입니다.

　원래 '덕'의 의미가 '탁월함'이듯이 이때의 덕은 도덕적 의미에 한정되지 않습니다. 바둑을 탁월하게 잘 두는 것부터 아름답게 춤을 추는 것, 정교하고 세밀하게 물건을 제작하는 것 등을 모두 덕이라 일컫습니다. 마찬가지로 '좋음' 또한 꼭 무엇에 유용해서 좋은 것과는 별개로 그 자체로 좋은 것, 각자의 기능을 최대한으로 발휘하는 것입니다. 식물의 덕은 잘 자라 좋은 열매를 맺는 것이고, 동물의 덕은 건강하게 자라 번식을 잘하는 것입니다. 인간의 덕은 인간의 고유한 특성인 이성을 발휘하는 것입니다. 이성을 최대한 발휘할 때 인간의 탁월함, 덕을 이룰 수 있고, 그것을 지속적으로 실행할 때 비로소 인간으로서의 좋은 삶, 행복한 삶을 이룰 수 있습니다.

아리스토텔레스는 매우 현실적인 철학자입니다. 그는 외모, 친구, 어느 정도의 재산 등을 행복을 위해 있으면 좋은 것들로 꼽고 있습니다. 그러나 이런 것들이 행복의 결정적인 요인은 아니라고 합니다. 멋진 외모, 친구, 많은 재산 등은 행운에 속하는데, 행복과 행운이 관련이 있긴 하지만 동일한 것은 아니기 때문입니다. 이런 것들은 있으면 좋지만 행복을 보장해주지는 않으며, 그것이 없다고 행복을 이룰 수 없는 것은 아닙니다.

아리스토텔레스에게는 명예 또한 외적인 것에 해당합니다. 누군가가 명예를 추구하고, 자신의 실제 모습으로 좋은 평판과 명예를 얻었다면 그것은 좋은 일입니다. 하지만 명예는 다른 사람의 평가에 의존하는 것이기 때문에 외적인 것에 불과합니다. 명예를 얻고 잃고 하는 것은 순전히 다른 사람의 인식과 가치관에 따르고 종종 사람들의 변덕스러움으로 좌우됩니다. 때문에 명예는 행복에 도움이 되긴 하지만 그 자체가 행복은 아닙니다. 인기 연예인들도 마찬가지입니다. 인기가 행복감을 불러오긴 하지만 인기라는 것이 언제 사라질지 알 수 없습니다. 인기가 있더라도 그것에 만족하지 않고 인기를 초월하여 자신의 능력을 끊임없이 갈고 닦으며 자신이 해낼 수 있는 최고를 위해 최선을 다하는 것이 행복입니다.

행복은 단순한 감정이 아닌 어떤 상태라는 점에서 '건강'에 비유될 수 있습니다. 건강 역시 감정이나 느낌이 아니라 몸의 기능이 제대로 잘 발휘되는 상태입니다. 꾸준한 노력에 의해 지켜지며 성취되는 소중한 가치라는 점에서 건강과 행복은 유사한 특성이 있습니다. 건강은 몸의 기능뿐만 아니라 마음의 기능이 잘 작동하는 상태와도 관련이 있습니다. 마음에 근심이 많으면 우울해지고 불면에 시달려 금방 건강을 해치게 됩니다.

아리스토텔레스는 인간의 고유한 기능으로 이성을 꼽았지만 그 이외에도 자아 탐색과 창조적 행동 등이 행복의 중요한 조건이라고 생각합니다. 요컨대 행복은 무엇을 가지고 있는가의 문제가 아니라 노력에 의해 도달하는 성취이며, 자신의 고유한 자아를 창조하고 끊임없이 새롭게 더 좋은 방향으로 실현하여 탁월함의 상태에 이르는 것이라 하겠습니다. 그러기 위해서는 우선 자기 자신을 잘 관찰하여 어떻게 자아를 실현할지 생각해봐야 합니다. 행복은 다른 사람이 가져다주는 것이 아니라 스스로 찾아가고 탐구하고 만들어가는 것입니다. 행복의 파랑새는 바로 우리 자신입니다.

14장

더 많이 소유하면
더 행복할까?

《어린 왕자》(앙투안 드 쌩텍쥐페리 지음, 이정서 옮김, 새움)

 《어린 왕자》는 어떤 내용일까?

사막에 불시착한 비행사는 양을 그려달라는 이상한 부탁을 하는 소년을 만납니다. 그 소년은 자신이 살고 있던 별에서 떠나 우주 곳곳을 여행하는 어린 왕자였습니다. 어린 왕자는 아주 조그마한 별에서 장미꽃과 살고 있었습니다. 그는 장미를 정말 좋아했지만, 장미의 오만한 성격에 화가 나 자신의 별을 떠나 여행길에 오릅니다.

어린 왕자는 여섯 개의 소행성을 떠돌아다니며 다양한 사람들을 만납니다. 자신의 말을 들어줄 사람이 아무도 없는데 오로지 권위만 내세우는 군주, 아무도 칭찬해주지 않는데 허영을 부리는 허영꾼, 술을 마시는 자신의 모습이 부끄러워 다시 술을 마신다는 주정뱅이 등을 만납니다. 또 소유의 개념도 모른 채 헛된 소유욕만 있는 사업가, 가로등 켜는 일만 반복하는 사람, 풍부한 지식을 지녔지만 자신의 위치에서 한 발짝도 안 나가본 지리학자도 만납니다. 이들을 만나며 어린 왕자는 어떤 삶이 좋은 삶인지에 대해 고민합니다.

이렇게 다양한 여행지를 거쳐 지구에 온 어린 왕자는 장미정원의 수천 송이 장미를 보고 그동안 자신이 이 세상에 유일한 꽃을 가진 위대한 왕자라고 착각했던 것에 슬퍼합니다. 그리고 그때 여우를 만납니다. 여우는 어린 왕자에게 '나'와 '상대방'이 가질 수 있는 가장 소중한 관계에 대한 깨우침을 줍니다. 어린 왕자는 여우로 인해 장미에 대한 책임을 느끼고 자기 별로 돌아가기 위해 뱀에게 물려 지구에서 서서히 사라집니다.

사람들의 가장 큰 관심사는 단연 '행복'입니다. 그것을 부정할 만큼 염세적인 사람은 드물 것입니다. 그런데 대부분의 사람들은 지금보다 더 많은 것, 더 좋은 것을 가지게 되면 행복해질 수 있다고 생각합니다. 행복이 셀 수 있고 계산할 수 있는 것이라고 생각하며, 재산을 더 많이 쌓아두거나 권력과 인기같이 더 대단한 것을 누리면 행복해질 것이라고 생각합니다. 어쨌거나 사람들은 자신이 원하는 어떤 것을 소유하는 것이 행복의 길이라고 생각합니다. 과연 그럴까요? 이미 충분히 많은 돈을 모아두었으니 더 이상은 필요 없다고 말하는 사람은 보기 드뭅니다. 오히려 돈이 많은 사람일수록 앞으로 더 많은 돈을 벌어들일 계획에 골몰하곤 합니다.

　《어린 왕자》는 더 많이 소유하면 더 행복한 것인지 묻습니다. 대부분의 어른들은 그렇다고 답하겠지만 어린 왕자의 생각은 다릅니다. 어른이 되어가면서 서둘러 어른처럼 생각하는 것이 좋을지, 아니면 아이였을 때의 기억을 잘 더듬어 그때의 마음을 회복하는 것이 좋을지를 묻는다면, 최소한 행복에 대해서만큼은 어른의 마음보다 아이의 마음으로 생각하는 편이 더 낫지 않을까 생각합니다. 왜냐하면 어른들보다 아이들이 훨씬 더 행복해 보이니까요.

1 어른의 마음, 아이의 마음

　《어린 왕자》에는 모자처럼 보이는 그림이 등장하는데, 사실 모자가 아니라 코끼리를 삼킨 보아 뱀을 그린 것입니다. 작가가 실제 어린 시절에 그린 그림으로, 작가는 이를 두고 모자라고 말하는지의 여부를 살펴보며 다른 사람에 대해 판단을 내렸다고 합니다. 그에게 는 그 그림이 겉모습만 보고 판단하는 어른들과 보이는 것 너머의 세 계를 알아보는 아이의 마음을 가르는 기준이었던 것입니다. 여기서 어른과 아이를 구분하는 기준이 생물학적 나이는 아닌 것 같습니다. 보이는 것 너머의 것을 상상할 수 있는 어른도 있고, 보이는 것으로 만 판단하는 아이도 있으니까요. 작가가 말하는 '어른'과 '아이'는 나 이가 아니라 그들이 지닌 마음을 기준으로 봐야겠습니다. 어른의 마 음 중 하나는 숫자를 좋아하는 것입니다. 아이들이 새로 사귄 친구에 대해 어른들은 친구의 목소리나 친구가 무엇을 좋아하는지보다 그 친구의 성적, 살고 있는 집의 가격과 같이 숫자로 파악되는 것에 관 심을 갖습니다. 이처럼 겉으로 보이는 것, 숫자로 셀 수 있는 것으로 누군가를 판단하는 것은 그가 얼마나 가졌는가를 중요하게 보는 태 도입니다. 반면 누군가의 고유한 목소리나 그의 미소로 자신의 친구 를 떠올리는 것은 그의 존재를 중요하게 보는 태도입니다.

어린 왕자가 만난 인물 중 전형적인 어른의 마음을 보여주는 이는 사업가입니다. 사업가는 어린 왕자의 인사에 대꾸도 하지 않은 채 바 쁘다면서 계속 계산만 하고 숫자를 셉니다. 어린 왕자가 사업가에게 세고 있는 그 숫자가 무엇에 대한 것인지 묻자 '게으름뱅이들을 멍청 히 공상에 잠기게 만드는 금빛 나는 작은 것들'이라고 말합니다. 하 늘의 별을 그렇게 말한 것입니다. 그렇게 많은 별들을 가지고 무엇을 할 거냐고 어린 왕자가 묻자 사업가는 그저 그것들을 소유한 채로 다른 별들을 사는 데 쓰겠다고 합니다. 사업가와 비슷한 어른들을 우리 주변에서도 흔히 볼 수 있습니다. 돈이 제일이라고 생각하고 돈을 모으는 데만 온 신경을 쓰는 유형입니다. 그들에게 돈은 더 많은 돈을 벌어들이기 위한 수단이며 그 자체가 인생의 목적입니다. 이처럼 더 많이 소유해야 한다는 목표는 남보다 더 좋은 성과를 얻는 것에 몰두하게 하여 결국 나누고 배려하고 헤아리는 마음을 갖는 대신 자기만을 생각하게 합니다.

사업가의 문제는 별을 많이 소유하고 있는 것이 아니라 별을 소유하는 태도에 있습니다. 어린 왕자도 '소유'라는 말을 하지만 그 말의 의미가 사업가와는 매우 다릅니다. 사업가에게 별을 소유한다는 것은 주인 없는 다이아몬드를 발견한 사람이 그것을 주머니에 넣고 관리한다는 것이며, 그것의 숫자를 종이에 적어 서랍에 넣고 잠그는 것입니다. 반면 어린 왕자에게 무엇을 소유한다는 것은 그 대상에 대해 책임을 지는 것입니다. 그래서 결과적으로는 그 대상에 유익한 것이 됩니다.

우리가 소유하고 있는 대상에 대해 사업가처럼 내 마음대로 할 수 있다고 여기는지, 아니면 어린 왕자처럼 그 대상을 돌보고 책임지는 것으로 여기는지는 매우 중요합니다. 이때 소유의 대상이 생물이든 무생물이든 마찬가지입니다. 강아지와 같은 생물을 사업가처럼 소유한다면 더 많은 강아지, 더 비싼 강아지를 원할지도 모릅니다. 그러나 강아지를 어린 왕자처럼 소유한다면 그 강아지를 돌보고 책임질 것입니다. 강아지를 물질적인 소유의 대상으로 보는 사람은 강아지의 현금 가치를 따져 건강을 돌보지만 강아지의 마음을 돌보는 것에는 무관심할지도 모릅니다. 또 어떤 경우에는 강아지를 함부로 대하며 학대를 일삼을 수도 있습니다. 반면 돌보고 책임진다는 의미로 소유하는 사람에게는 강아지를 방치하거나 학대한다는 것은 상상할 수 없는 일입니다. 무생물을 소유하는 경우도 어린 왕자처럼 책임지는 마음을 지닐 수 있습니다. 집의 경우 어떤 사람은 사업가처럼 더 많은 집, 더 비싼 집을 가질 수 있습니다. 반면 어린 왕자처럼 소유한다면 책임을 지고 집을 결코 함부로 다루지 않을 것입니다. 물론 집을 잘 다루는 것에도 두 가지 태도가 있습니다. 하나는 경제적 손해를 보지 않기 위해 잘 관리하는 것이고, 다른 하나는 집도 사람과 마찬가지로 잘 돌봐야 하는 대상이라고 보는 경우입니다. 집을 좋은 가격에 팔기 위한 목적에서 잘 관리한다면 사업가와 비슷한 태도를 지닌 것입니다. 또한 집을 함부로 대한다면 경제적 손실을 떠나 집을 대하는 사람의 인격을 의심해볼 수도 있습니다.

자신이 가지고 있는 대상을 대하는 태도는 결국 그것을 소유하고 있는 사람의 인격을 보여줍니다. 집을 그 겉모습으로만 파악하고 그것이 지닌 경제적 가치를 중요하게 여기는 것은 사업가의 마음입니다. 그러나 그런 겉모습과 경제적 가치를 떠나 그 집이 만들어질 때 쓰인 많은 나무들, 집을 짓느라 수고한 수많은 사람들, 그 집에 이전에 살았던 사람들의 삶, 미래의 집주인이 될 사람들의 삶까지 떠올려본다면 우리는 집을 단지 하나의 사물로만 볼 수 없습니다. 눈에 보이지 않는, 사람들의 숨결과 생명의 이야기를 상상할 수밖에 없습니다. 이러한 상상이 바로 사물 너머를 보는 아이의 마음이 아닐까 생각해봅니다. 그러한 마음으로 본다면 우리는 우리가 소유하는 대상이 생물이건 무생물이건 소중히 다루고 책임을 지는 마음을 가질 수 있습니다.

2 세상에 오직 하나뿐인 소중한 존재

어린 왕자가 지구에 도착해서 처음 만난 것은 뱀이었지만 그는 크게 놀라지 않았습니다. 그저 이상하게 생겼다고만 생각했습니다. 그러나 어린 왕자가 장미 정원을 발견했을 때는 큰 충격을 받았습니다. 장미 정원에서 그는 자신의 별에 있는 꽃과 쏙 빼닮은 장미들이 수천 송이 있는 것을 보고 불행을 느꼈습니다. 아름다운 장미 정원에서 불행을 느꼈다는 것이 이상하지요? 그는 그동안 자신이 이 세상에 오직 하나뿐인 꽃을 가지고 있어 위대하고 행복한 왕자라고 생각했습니다. 그러나 자신의 별에 있는 그 꽃이 지구에서는 그저 평범한 한 송이 장미에 불과했던 것을 알고 자신이 보잘것없는 사람이라고 생각하게 된 것이지요.

그때 여우가 나타났습니다. 어린 왕자는 슬픔을 위로받고 싶은 마음에 여우에게 함께 놀자고 하지만 서로 길들여지지 않아 그럴 수 없다고 합니다. 여우에 의하면 서로 길들이는 것은 인내를 필요로 하는 것입니다. 우선은 좀 떨어져 앉아 곁눈질로 서로를 살피다 날마다 조금씩 말없이 더 가까이 다가가 살피는 인내입니다. 그러한 인내가 있기 전에 그 둘은 서로를 필요로 하지 않는 사이입니다. 그러나 서로 인내하여 길들이고 나면 서로를 필요로 하는 관계가 되고 이 세상에서 그 어떤 것도 대신할 수 없는 단 하나밖에 없는 존재가 됩니다. 길들임 이전에 그 대상은 여느 다른 것과 마찬가지인 그저 '그것'에 불과합니다. 처음에 어린 왕자와 여우는 '나-그것'의 관계지만 길들임의 관계를 맺은 후에는 더 이상 '그것'이 아닙니다. 서로에게 특별한 존재가 되고 인격적 대상으로 여겨지면서 '나-너'의 만남이 이루어집니다. 이러한 '나-그것', '나-너'의 관계는 인간을 대상으로 할 때에도 마찬가지입니다. 어떤 사람을 고유한 존재로 받아들이고 나와 마음을 나누는 사이로 만나게 되면 서로에게 꼭 필요한 존재가 됩니다. 그러니 그 대상이 인간이든 아니든 상관없이 길들임 이전의 관계는 '나-그것'의 관계이고, 길들임의 관계를 맺은 이후에는 '나-너'의 만남이 이루어지는 것입니다. 따라서 길들임은 '나-그것'의 관계에서 '나-너'의 관계를 가능하게 하는 결정적인 계기입니다.

어린 왕자가 여우로 인해 길들임의 관계를 터득한 후 다시 장미 정

철학
Talk
Talk

마르틴 부버(Martin Buber, 1878–1965)

오스트리아에서 태어난 유대인으로 독일의 대학교에서 철학을 가르치다가 나치에 쫓겨 여러 나라에서 망명 생활을 했다. 1938년 팔레스타인에 정착하여 예루살렘의 히브리대학교에서 철학과 신학을 가르쳤다. 부버는 이스라엘과 갈등을 겪고 있는 팔레스타인에 아랍-유대 공동 국가를 세우는 운동을 벌였으며, 아랍과의 평화를 위해 지속적으로 노력했다. 유대교의 현대적 의의에 관한 주장이 그의 사상적 중심을 이루고 있다. 그의 대표적인 저서는 《나와 너》이다.

5부 지금 이 순간을 행복하게 살고 싶은 너에게

원을 찾았을 때는 이전처럼 불행해지거나 슬프지 않았습니다. 수천 송이의 장미들과 자신의 별에 있는 그 장미가 같은 것이 아니라는 것을 깨달았기 때문입니다. 어린 왕자는 수천 송이 장미를 향해 자신의 장미와 조금도 닮지 않았다고 말합니다. 여우도 어린 왕자가 길들이기 전에는 수많은 다른 여우들과 다를 바 없었지만 서로 길들이고 친구가 되어서는 이 세상에 오직 하나뿐인 여우가 된 것처럼 말입니다. 이 깨달음을 통해 어린 왕자는 처음에 장미 정원에서 느꼈던 불행한 감정을 떨치고 자신의 별에 있는 장미에 대한 사랑을 회복하게 됩니다. 어린 왕자는 장미의 거만한 태도가 싫어서 떠나왔지만 그 장미가 자신에게는 다른 무엇과도 바꿀 수 없는 소중한 존재라는 것을 뒤늦게 알게 된 것입니다. 우리에게도 누군가 가까이 있을 때는 소중한 줄 모르다가 멀리 떨어져 있어서야 소중한 존재라는 것을 깨닫는 때가 있습니다. 그 사람이 부모님일 수도 있고, 가장 가까운 친구일 수도 있습니다. 물론 그 깨달음이 뒤늦게 찾아오기도 합니다. 어린 왕자도 장미로부터 멀리 떠나와서야 그 소중함을 깨닫게 된 셈입니다.

어린 왕자가 지구를 떠날 시점에 이르러 여우에게 작별인사를 하자, 여우는 이별의 선물로 비밀 하나를 알려줍니다. 가장 소중한 것은 눈에 보이지 않는다는 사실입니다. 과연 여우는 무엇을 두고 '눈에 보이지 않은 소중한 것'이라고 했을까요? 여우는 어린 왕자에게 장미가 소중해진 것은 그 장미를 위해 쓴 '시간' 때문이라고 말해줍니다. 그러면서 그렇게 시간을 들여 길들인 대상에 대해서는 언제까지나 책임이 있다고 말합니다. 어린 왕자는 자신의 별에 있을 때 자신의 장미에게 물을 주었고, 벌레를 잡아주었고, 불평을 할 때나 자랑을 늘어놓을 때, 심지어 침묵을 지킬 때에도 귀 기울여 들어주었습니다. 그러한 배려의 시간이 어린 왕자와 장미를 서로 길들이게 했고, 그것은 서로를 무엇으로도 대신할 수 없는 소중한 존재로 만들어준 것입니다.

여기서 기억해둬야 할 점이 있습니다. 길들임의 관계가 맺어지면 내가 길들인 대상이 이 세상에서 대체할 수 없는 소중한 것이 될 뿐만 아니라, 길들인 자기 자신 또한 그 대상에게 대체할 수 없는 소중한 존재가 된다는 것입니다. 내가 어떤 이를 길들이면 나에게 그는 대체할 수 없는 소중한 존재가 되고, 그에게도 내가 대체할 수 없는 소중한 존재가 되어 어떤 희생도 감수하는 사이가 됩니다. 길들이기 이전에는 서로가 대체 가능한 '어떤 것'이지만 길들임의 관계를 맺으면 서로를 위해 무엇이든 희생할 준비가 된 '유일한 존재'가 됩니다. 만일 누군가 평생 길들임의 관계를 한 번도 맺지 못하고 산다면 그는 '아무것도 아닌 것', '아무나'로 살다 죽는 것입니다. 아무리 돈이 많고, 많은 것을 알고 있다 해도 그렇게 산 삶은 무의미할 것입니다. 그러나 자신이 누군가에게 이 우주 전체보다도 더 소중한 존재, 다른 누구로도 대체될 수 없는 유일한 존재로 살 수 있다면 아무리 가난하고 궁핍하더라도 의미 있는 삶입니다. 우리가 가장 행복한 순간을 떠올려보면, 그것은 무엇을 더 많이 가지고 누릴 때가 아니라 누군가와의 관계에서 서로 매우 소중한 존재라는 것을 느낄 때입니다. 그 순간은 서로의 존재가 우주보다도 더 크고 자신의 목숨보다도 더 소중해지면서 어떤 권력자나 부자도 부럽지 않게 됩니다. 물론 한번 길들임으로써 그 관계가 평생 지속된다는 보장은 없습니다. 친한 사이라고 생각했던 관계도 얼마든지 남처럼 멀어지고 무관심해질 수 있습니다. 길들임을 통해 얻게 된 관계가 지속적으로 유지되기 위해서는 길들인 존재에 대해 책임감을 가지고 그 관계를 끊임없이 배려하고 돌보아야 가능합니다. 그런 관계에서 우리는 비로소 세상을 살아가는 이유를 알게 됩니다.

3 소유를 중시하는 삶, 존재를 중시하는 삶

여우는 어린 왕자에게 가장 소중한 것은 눈에 보이지 않는다고 말해주었습니다. 그 말이 정말 맞는 말일까요? 사실 소중한 것 중에는 눈에 보이는 것들이 많이 있습니다. 재산, 집, 물, 풍경, 건강한 몸 등이 그렇습니다. 재산이나 몸과 같이 눈에 보이는 것이 소중하다는 사실을 여우도 부정하지는 않을 것입니다. 물론 눈에 보이지 않는 것 중에도 소중한 것이 많이 있습니다. 우리에게 소중한 것을 눈에 보이는 것과 보이지 않는 것으로 딱 잘라 이분법적으로 말하기는 곤란합니다. 여우는 어린 왕자에게 세상에서 '가장' 소중한 것은 눈에 보이지 않는다고 말해주면서 장미에 들인 '시간'이 중요한 것이라고 말해주었습니다. 그렇지만 그 시간은 '장미'를 향한 것이고, 장미는 눈에 보이는 실제적인 존재라는 것을 기억해야 합니다. 뿐만 아니라 여우가 어린 왕자에게 알려준 길들임의 관계 역시 눈에 보이는 생생한 존재와의 만남을 통해 쌓은 관계입니다. 관계라는 것을 눈으로 볼 수는 없을지라도 내가 배려하고 관심 갖고 책임질 내 마음 속의 그 존재가 실제로 있어야 길들임의 관계가 맺어지는 것입니다. 따라서 세상에서 가장 소중한 것은 바로 내가 소중히 여기는 내 마음 속의 그 존재이고, 그 존재와 내가 함께한 경험이 아닐까 생각합니다.

경험을 눈에 보이는 것이라 할지, 보이지 않는 것이라 할지는 또 다른 문제입니다. 경험이 활동이라는 점에서 사물처럼 대할 수는 없지만 경험하는 모습을 사진으로 찍어두거나 글로 남겨두면 볼 수 있는 것이 되니까요. 아무튼 우리는 무언가를 얻겠다는 목표를 세우고 마침내 그것을 소유하게 되었다고 해서 행복에 도달하는 것은 아니라고 말할 수 있습니다. 행복은 무엇을 소유하는가의 문제가 아니라 우리가 어떤 태도로 살아가느냐 하는 존재의 문제입니다.

삶의 태도에 대해 에리히 프롬은 소유 양식과 존재 양식을 구분합니다. 공부를 예로 들어볼까요? 선생님의 강의 내용을 듣고 필기하고 잘 외워서 시험에서 좋은 성적을 얻고자 공부하는 것은 소유의 양식으로 공부하는 것입니다. 소유 양식으로 사는 사람은 얼마나 많은 지식을 가지고 있고, 얼마나 높은 점수를 받고, 그것으로 무엇을 얻을지가 중요합니다. 그런 사람은 얻고자 하는 목표가 분명하기 때문에 가장 효율적으로 얻어내는 것에 관심을 집중합니다. 그러다 보니 공부를 함으로써 자신의 생각을 풍요롭게 하고 시야를 폭넓게 하는 것은 얻고자 하는 목표를 달성하는 데 오히려 방해가 될 뿐입니다. 소유 양식의 사람은 새로운 것을 창조하거나 발견하는 대신 기계적인 반복 학습으로 목표 달성에 최선을 다합니다.

　반면 존재 양식으로 공부하는 사람은 수동적으로 선생님 강의를 듣고 필기하고 암기하는 것이 아니라, 자신의 관점에서 강의 내용을 듣고 그에 반응하며 자신의 생각을 깊이 있게 하고 자신의 삶에 변화를 일으키는 것에 관심을 갖습니다. 소유 양식으로 공부하는 사람은 문제집 풀이와 같이 기계적으로 공부하지만 존재 양식으로 공부하는 사람은 남들이 묻지 않는 질문을 하고 시키지 않은 탐구를 하며 능동적으로 활동합니다. 여기서 능동적이라는 것은 바쁘게 움직이는 것을 의미하지 않습니다. 바쁜 것으로 치면 소유 양식으로 공부하는 사람이 더 바쁘고 분주해 보일 것입니다. 어린 왕자가 만난 사업가는 바쁘다는 이유로 인사조차 받아주지 않았습니다. 사업가는 분주하고 바쁘지만 그는 새로운 것을 만들어내지 못하고 이미 있는 것을 더 쌓아갈 뿐입니다. 반면 존재 양식으로 공부하는 사람은 겉으로 분주해 보이지 않고 열심히 하는 것 같아 보이지 않더라도 자신의 경험을 중시하고 활기 있게 생각합니다. 이렇게 틀에 박히지 않은 생각을 자유롭게 펼치고 새로운 자신의 모습을 만들어 나가는 점에서 능동적입니다. 소유 양식의 사람은 이미 있는 것을 자기 것으로 만들고 자기가 가진 것에 의존하지만, 존재 양식의 사람은 자신의 존재를 통찰하고 틀에 매이지 않은 자유로운 방식으로 자아를 새롭게 만들어냅니다.

　어린 왕자 역시 처음에는 소유를 중시했습니다. 수천 송이의 장미 정원 앞에서 불행한 느낌이 들었던 것은 자기가 이 세상에 단 하나밖에 없는 장미를 소유했다는 자부심이 무너졌기 때문입니다. 어린 왕자가 생각하는 소유의 개념이 사업가와 달리 소유하고 있는 대상을 돌보고 책임지는 의미라 해도 소유를 중시했던 삶의 태도를 지닌 것은 마찬가지입니다. 그런데 여우로부터 길들임의 관계를 배우고, 장미에게 들인 '시간'이 세상에서 가장 소중한 것임을 알게 된 후 어린 왕자의 삶은 소유를 중시하는 태도에서 존재를 중시하는 태도로 변화하게 됩니다. 이제 어린 왕자에게는 자신이 세상에 하나밖에 없는 꽃을 소유한 사람인지 아닌지가 아니라 자신의 별에 날아와 싹을 틔우고 자신과 함께 한 그 장미가 소중해집니다. 그리고 그 장미와 함께한 자신의 경험이 소중해지며, 그 장미에 대해 자신이 느끼는 책임감이 소중한 것이 됩니다. 어린 왕자는 마침내 장미가 있는 자신의 별로 돌아갈 것을 결심합니다. 자신의 삶에 큰 변화가 온 것입니다. 다른 누구에 의해 강요된 것이 아니라 스스로 어떤 삶을 살 것인가에 대한 숙고로부터 내려진, 자신이 주체가 되는 삶으로의 변화입니다. 어린 왕자는 주체적이고, 능동적이고, 창조적인 삶을 선택한 것입니다.

우리의 행복은 얼마나 많은 것을 소유하느냐에 비례하는 것이 아닌 것 같습니다. 어린 왕자가 만난 사업가는 행복과 멀어 보였으니까요. 많이 소유하여 배부르고 안락한 것이 전부라면 그것은 동물의 행복입니다. 그러나 우리는 그 이상을 추구하는 존재입니다. 인간의 행복은 이 세상의 다른 무엇과도 대체할 수 없는 소중한 만남을 통해 서로의 존재를 존중하며 사랑하는 경험에서 느껴지는 것이 아닐까요?

5부 지금 이 순간을 행복하게 살고 싶은 너에게

물질이 행복을 보장할 수 있을까?

《소유, 행복의 터전인가 굴레인가》

　행복을 탐구하는 긍정심리학자들은 물질적 재산이 행복을 증진하는 데에 한계가 있음을 입증했습니다. 또한 물질적 재산에 대한 과도한 추구는 오히려 행복을 훼손한다는 것도 입증했습니다. 이들은 행복하기 위해서는 다양한 심리적 재산을 지닌 심리적 부자가 되라고 권합니다. 심리적 재산은 행복한 삶을 누리는 데 필요한 심리적 자원을 의미합니다.

　심리적 부자는 행복감과 만족감이라는 긍정 감정을 심리적 재산으로 지닙니다. 이러한 감정은 삶에 활기와 의욕을 불어넣어줄 뿐만 아니라 주변 사람들과의 긍정적인 인간관계를 만들어 냅니다. 삶의 만족은 마음의 여유를 낳고, 마음의 여유는 타인에 대한 따뜻한 배려를 낳고, 따뜻한 배려는 긍정적인 관계를 낳습니다. 긍정적인 인간관계는 행복한 삶을 위한 가장 중요한 심리적 재산입니다.

　심리적 부자들이 지니고 있는 또 다른 중요한 재산은 자신과 인생에 대한 긍정적인 태도입니다. 있는 그대로 자신의 모습을 사랑할 뿐만 아니라 인생의 우여곡절 속에서도 희망을 발견하며 긍정적인 자세로 삶을 수용하고 사랑합니다. 이러한 긍정적 태도는 실패와 좌절이라는 인생의 위기를 도전과 희망으로 전환시킬 수 있는 심리적 재산으로 성공적인 삶을 위한 기초자금이기도 합니다.

　또한 심리적 부자는 자신이 좋아하며 즐길 수 있는 직업과 여가활동을 지니고 있습니다. 이러한 활동에 몰두하며 즐거움과 성취감을 누립니다. 심리적 부자는 자신의 삶을 행복하고 가치있게 만드는 것에 대한 나름대로의 신념을 지니고 있습니다. 소박한 것이든 심오한 것이든 나름대로 인생관과 가치관을 지니고 살아갑니다. 자신의 삶뿐만 아니라 다른 사람의 삶을 세속적인 가치에 따라 함부로 평가하지 않으며, 자신의 신념에 따라 자기만의 행복한 삶을 소신 있게 가꾸어 나갑니다. 심리적 재산을 얻기 위해서 다른 사람과 경쟁하거나 다툴 필요가 없습니다. 그것은 누구나 자신의 마음과 인생에서 마음껏 채광할 수 있는 무한한 것이기 때문입니다. 심리적 부자는 심리적 재산을 발굴하여 자신의 삶을 행복하게 할 뿐만 아니라 주변 사람들까지 행복하게 만듭니다. 이들은 자신의 삶에 대한 만족감과 더불어 자신의 삶이 의미로 충만하다는 느낌, 흥미 있는 활동에의 몰입, 소중한 목표의 추구, 긍정적인 감정의 체험, 자신보다 더 큰 존재와 연결되어 있다는 영적 체험을 누리며 살아갑니다. 과연 인생의 마지막 순간인 죽음의 자리에 섰을 때 무엇이 우리의 삶을 가치 있는 것으로 느끼게 할 것인지 곰곰이 생각해볼 일입니다.

ㅡ권석만 외, 《소유, 행복의 터전인가 굴레인가》, 운주사, 2017, 405~407쪽에서 발췌하여 재구성

15장

죽음이 우리 삶의
끝일까?

《리버 보이》(팀 보울러 지음, 정해영 옮김, 놀)

 《리버 보이》는 어떤 내용일까?

수영을 좋아하는 15세 소녀 제스는 사랑하는 할아버지가 돌아가실까 봐 걱정입니다. 제스가 어렸을 때는 항상 열정과 에너지를 내뿜던 할아버지께서, 이제 나이가 들고 심장이 안 좋아 거동이 불편하십니다. 할아버지는 병원에 입원해 치료를 받아야 하는데도 어렸을 때 살던 고향으로 여행을 가자고 고집을 부립니다. 제스네 가족은 할아버지의 고집을 못 이기고 할아버지의 옛 고향에 있는 통나무집으로 휴가를 떠납니다.

할아버지는 거기서 못다 그린 그림을 완성하려 합니다. 평소 자신이 그린 그림에 제목을 붙이지 않던 할아버지는 이 작품에는 '리버 보이'라는 제목을 붙여두었습니다. 할아버지는 이 그림을 완성하는 데 모든 힘을 다하는 듯합니다.

상태가 계속 나빠지는 할아버지를 보며 슬플 때마다 제스는 통나무집 앞의 강가에 가곤 합니다. 그리고 그곳에서 수영하고 있는 같은 또래의 신비한 소년을 만납니다. 그 소년은 울고 있는 제스에게 다가와 고민을 듣고, 제스에게 할아버지의 팔이 되어 그림을 완성하라고 말합니다.

소년의 말을 따라 제스는 할아버지를 도와 그림을 완성합니다. 할아버지는 많이 지쳤지만 자신의 그림에 만족했습니다. 하지만 이런 할아버지와 달리 제스는 검은 반점으로 뒤덮인 그림을 이해할 수 없었습니다.

제스가 마지막으로 소년을 보았을 때, 소년은 제스에게 자신이 하려는 '두려운 일'을 도와달라고 합니다. 제스는 소년의 부탁을 들어주기 위해 새벽에 몰래 방을 빠져나와 강이 시작되는 폭포로 갑니다.

죽음을 직접 겪어본 사람은 없습니다. 이례적으로 매우 짧은 순간 의학적으로 사망 판정을 받았다가 다시 의식을 찾은 사람이 있다고 는 하지만 모든 사람은 마지막 숨을 거두면 이 세상의 모든 것과 단 절하게 됩니다. 아무리 많은 재산을 가지고 있고 힘 있는 사람이라 하더라도 시간을 되돌릴 수는 없습니다. 그렇다면 죽음은 모든 것과 의 단절일까요? 사랑하는 사람이나 동물이 죽으면 그들과 더 이상 함 께할 수 없고, 더 이상 그들을 느낄 수 없는 것인지 궁금합니다. 우리 가 겪는 것은 늘 다른 사람의 죽음입니다. 사람들은 죽은 사람이 더 좋은 곳으로 갔다면서 위안을 얻지만 아직 어느 누구도 죽음을 경험 해본 적이 없기 때문에 정말 그러한지는 알 수 없습니다.

어느 누구도 죽음을 직접 경험하지는 않지만 우리는 늘 누군가 죽 었다는 소식을 접하면서 죽음이 우리 생활과 매우 가까이 있다는 것 을 느낍니다. 언젠가는 자신의 죽음을 피할 수 없다는 것도 알고 있습 니다. 그렇다면 우리는 죽음을 남의 일로만 생각하거나 불쾌한 것이라 고 멀리해서는 안 될 것입니다. 그리고 무엇을 어떻게 해야 죽음 앞에 서 후회하지 않을지도 미리 생각해보아야 합니다. 죽음은 내가 원하는 때에 원하는 방식으로가 아니라 전혀 예상치 못한 때에 원하는 방식과 상관없이 찾아오기 때문입니다.

《리버 보이》에는 15세 소녀 제스와 할아버지가 등장합니다. 제스 와 할아버지는 서로에게 매우 소중한 사이입니다. 어느 날 쓰러진 후 급격히 쇠약해진 할아버지는 그때부터 그림 하나를 완성하기 위해 남은 힘을 모두 쏟아 붓게 됩니다. 죽음이 끝이라면 할아버지는 생명을 더 연장시키는 것에만 몰두해야 할 것 같은데, 자신의 생명보다 더 간절히 그림을 원한다는 점이 놀랍습니다. 할아버지에게 마지막 그림이 어떤 의미를 지니는지 알 수 있다면 할아버지의 죽음을 이해하는 실마리가 될 것입니다.

1 죽음을 초월하는 것

제스의 할아버지가 가슴을 움켜쥐고 쓰러져 병원으로 옮겨진 이후 할아버지는 계속 치료를 받아야 하지만, 한사코 고집을 부려 쓰러지기 전에 계획했던 가족 여행을 떠나기로 합니다. 여행지는 할아버지가 열다섯 살 때까지 살다 화재로 부모님과 집을 모두 잃은 후 한 번도 찾지 않았던 할아버지의 고향입니다. 평소 그림을 즐겨 그리는 할아버지는 여행을 떠나기 전날부터 그림 하나를 그리기 시작했습니다. 평소 그림에 제목을 붙이지 않던 할아버지는 이례적으로 미완성인 그림에 '리버 보이'라는 제목을 붙여두었습니다. 강의 풍경을 담고 있긴 했지만 그림 속 어디에도 소년의 모습은 보이지 않았습니다. 할아버지는 다시 붓을 쥐지 못할 만큼 쇠약해졌지만 목숨보다도 그림을 완성하는 일이 더 중요하다는 듯 그림에 집착합니다. 그만큼 할아버지에게 미완성 '리버 보이'는 특별한 그림입니다.

제스의 가족이 머무는 숲속 별장 근처에는 강으로 이어지는 시냇물이 있습니다. 제스는 할아버지가 그림을 완성하지 못할까 봐 불안해합니다. 그리고 할아버지가 돌아가실까 봐 슬픈 마음이 들 때면 강으로 나가 수영을 합니다. 그러던 어느 날 제스가 강가에서 흐느껴 울고 있을 때 한 소년이 제스에게 다가와 말을 걸어왔습니다. 제스는 그 소년이 할아버지와 깊게 연결되어 있고 할아버지의 죽음에 관해 어떤 말을 해줄 것만 같은 느낌이 들어 머뭇거리다 할아버지에 대해 말해줍니다. 그러자 소년은 제스에게 할아버지의 손이 되어 그림을 완성하라고 합니다.

별장에 돌아온 제스는 소년의 말대로 할아버지를 도와 그림을 완성해갑니다. 그림을 그리기 시작한 지 몇 시간이 흐른 후 왼쪽 부분이 검은 반점으로 뒤덮였을 때 할아버지는 "끝났다"라고 하시고는 만족스런 표정을 지었습니다. 할아버지가 완성된 그림에 대해 스스로 만족해하는 것과 달리 제스는 그 그림을 이해할 수 없었습니다.

제스의 할아버지는 왜 그토록 힘든 몸으로 애써 그림을 완성하고자 남은 힘을 다 쏟아 부었을까요? 목숨을 돌보는 것보다 그림에 더 힘을 기울이는 할아버지를 보면 "인생은 짧고 예술은 길다"라는 말이 떠오릅니다. 할아버지에게 그림은 자신의 짧은 생을 대신할 무엇이었을지도 모르겠습니다. 죽음을 앞둔 상황에서 할아버지의 마지막 작품은 할아버지 삶을 완성하는 대단히 중요한 의미를 지닌 그림일 것 같습니다. 우리가 아는 작가들 중에도 자신의 목숨보다 작품을 더 소중히 여긴 사람들이 많이 있습니다. 반 고흐가 그중 대표적인 사람입니다. 그는 가난하고 병이 깊어 생활이 힘든 상황에서도 그림 그리기를 포기하지 않았습니다. 살아생전에 단 한 점의 그림만을 낮은 가격으로 팔 수 있었다니 그의 절망과 궁핍함이 어느 정도였을지 상상할 수 있습니다. 그에게 그림은 먹고살기 위한 수단도, 유명해지기 위한 수단도 아닌 자신의 생명 자체와도 같은 것이었습니다. 그가 남긴 그림은 37년의 짧은 일생과 비교할 수 없이 긴 생명력을 지니고 있고 그의 존재를 자세히 이야기해줍니다.

2 사람들은 죽음을 어떻게 받아들이고 있을까?

이 소설을 읽다 보면 죽음이 무엇인지 궁금해집니다. 우선 과학에서 죽음을 어떻게 보는지 궁금합니다. 엘리사벳 퀴블러로스는 《인간의 죽음: 죽음과 임종에 관하여》에서 죽음을 앞둔 환자들 200여 명을 인터뷰하고 그들의 마음을 살펴본 결과를 확인해보았습니다. 그는 죽음을 맞이하는 5단계에 대해 설명합니다. 죽음을 앞둔 사람의 가장 첫 반응은 '부정'입니다. 의사로부터 치유할 수 없는 병이라는 통보를 받을 때, 자신에게 이런 일이 일어날 리 없다고 부정하며 착오일 가능성을 생각하는 것입니다. 2단계는 '분노'입니다. 자신에게 생겨난 불행에 대해 가족, 의사, 주변 사람, 심지어 신에게까지 분노를 느끼게 됩니다. 3단계는 '타협'입니다. 조금이라도 더 살 수 있다면 뭐든지 하겠다고 애원하는 단계입니다. 그러나 타협의 여지가 전혀 없고 죽음의 그림자가 더 짙어지는 것을 느끼면서 상실감에 빠지게 됩니다. 이때 4단계인 '우울'을 경험합니다. 누구에게도 도움을 청하지 않고 매달리지 않습니다. 누구의 위로도 도움이 되지 않습니다.

마지막 단계인 죽음이 더 가까이 찾아올 때 환자는 억울함도 분노도 느끼지 않고 체념합니다. 이때가 죽음을 받아들이는 '수용'의 단계입니다.

죽음은 의학적으로 호흡과 혈액순환이 영구적으로 멈춘 것을 의미합니다. 현대 의학은 폐의 기능을 대신하는 인공호흡기, 심장을 뛰도록 만들어주는 승압제와 부교감신경차단제, 심장과 폐의 기능을 동시에 유지하며 심장이 멈춰도 생명이 유지되는 심폐우회술 등으로 죽음을 지연시켜주기도 합니다. 그러나 과학과 의학은 죽음에 대해 우리가 정말로 알고 싶은 바를 말해주지는 않는 것 같습니다. 특히 죽음 이후의 세계에 대해서는 더욱 말을 아낍니다. 극소수의 사람들이 사망 판정을 받은 후 다시 살아나서 빛이 이끄는 동굴이나 바다를 보았다고 증언하지만, 그 증언을 통해 실제의 그런 세계가 있다고 입증하기는 어렵습니다. 독일의 의사이자 뇌 연구자 데틀레프 링케는 죽음 이후의 세계를 경험했다는 사람들의 주장을 의심합니다. 링케는 그러한 체험 역시 뇌의 활동이라고 생각합니다. 즉 임사체험이라고 하는 것들은 뇌가 행하는 최후의 자기 방어라고 보는 것입니다.

3 종교와 철학이 던지는 질문

죽음 이후의 세계에 대해 가장 많은 이야기를 하는 분야는 종교입니다. 물론 죽음 이후에 어떻게 되는가는 종교에 따라 차이가 있습니다. 기독교, 이슬람교와 같은 유일신교는 살아생전에 신을 섬기

5부 지금 이 순간을 행복하게 살고 싶은 너에게

고 살아온 사람은 천국으로 가고 그렇지 않은 사람은 지옥으로 간다고 말합니다. 결국 유일신을 믿는 종교의 관점에서 죽음은 인간이 신의 곁으로 가는 통로이며, 신을 섬기며 살던 사람은 죽어서 신의 축복을 누리는 더 좋은 세계로 가는 것입니다.

반면 태어나기 이전에도 생이 있었고, 죽은 이후 다음 생에도 무엇인가로 환생을 계속하는 윤회의 종교가 있습니다. 인격신을 믿지 않는 불교와 힌두교가 그렇습니다. 불교와 힌두교와 같이 윤회를 주장하는 종교에서는 자신의 참된 자아가 우주를 창조하고 모든 것을 지배하는 궁극적인 원리에 일치될 때까지 환생이 계속된다고 봅니다. 그리고 환생의 형태는 전생의 행위에 의해 결정됩니다. 현세에서 나쁜 일을 많이 한 사람은 다음 생에 동물로 태어나고, 좋은 일을 많이 한 사람은 높은 신분으로 환생한다고 봅니다. 힌두교에서는 가장 높은 계급으로 태어난 사람들만이 환생을 벗어날 수 있다고 합니다.

불교는 인생 자체를 고통으로 보고 있습니다. 태어나고 병들고 아프고 죽는 삶의 과정이 모두 고통이고 사랑하는 사람과 헤어지는 것, 원하지 않는 사람과 어쩔 수 없이 사는 것 역시 고통입니다. 불교는 힌두교와 달리 신분에 의해서 환생에서 벗어나는 것이 아니라 누구든지 현생에서 집착하지 않고 자비를 베풀고 살면 환생에서 벗어날 수 있다고 봅니다. 유일신교가 죽은 다음 영원한 삶을 누리는 것을 추구하는 반면, 불교나 힌두교는 죽음도 태어남도 없는, 무의 경지인 열반을 추구합니다.

이처럼 어떤 종교를 믿느냐에 따라 죽음 이후 우리의 생은 매우 달라집니다. 정신분석학자 프로이트는 종교의 이러한 이야기들을 부정합니다. 종교적 관념은 경험의 축적물도 아니고 사유의 최종 결과물도 아니라 환상이라고 말합니다. 종교에서 말하는 사후 세계는 가장 오래되고 강력하며 절박한 사람들의 바람을 말하는 것뿐이라고 주장합니다. 그럼에도 불구하고 교리 형식으로 주어진 종교적 관념이 오랜 시간 강력한 힘을 발휘할 수 있었던 것은 그러한 바람을 사람들이 너무도 강하게 갖고 있기 때문이라고 합니다. 그러니까 실제는 매우 다르다는 것이지요. 사실 이 세상의 누구도 죽음에 대해 사실을 말할 수 없습니다. 천국에 대해, 다음 생의 다른 모습에 대해서는 다만 집단적으로 함께 그렇게 되기를 바라는 마음에서 종교의 이름으로 믿는 것뿐입니다.

철학은 종교보다는 죽음에 대해 더 신중합니다. 특히 공자는 죽은 다음에 어떻게 되는가에 대한 질문에 별 흥미를 느끼지 못합니다. 사는 것도 잘 모르는데, 어떻게 죽는 것을 말할 수 있겠느냐는 것입니다. 공자는 일상적이고 평범한 삶 속에서 도덕을 실천하고 자아를 실현하는 것이 중요하다고 생각했기 때문에 죽음이나 그 이후의 세계에 대해서는 관심이 없었습니다. 그러나 누구나 예외 없이 삶을 마치고 나서 맞이하는 것이 죽음이라면, 우리는 죽음에 대해 완전히 무관심할 수가 없습니다. 삶과 죽음의 경계가 있다면 삶을 바로 이해하기 위해서라도 죽음에 관심을 가져야 하는 것입니다.

죽음에 대한 질문은 결국 삶에 대한 질문이기도 합니다. 인간이 죽을 수밖에 없다면 '삶을 어떻게 살아야 하는가'라는 질문에 직면해야

5부 지금 이 순간을 행복하게 살고 싶은 너에게

하기 때문입니다. 자신의 죽음을 앞두고 전혀 슬퍼하지 않은 철학자가 있습니다. 플라톤의 《파이돈》에 보면 소크라테스는 사형이 집행되기 직전까지 제자들과 영혼에 대한 진지한 대화를 나누는데 그의 태도는 너무도 침착합니다. 제자들은 소크라테스가 독약을 마시고 죽게 될 것이 너무도 두렵고 가슴 아프지만 소크라테스는 두려워하지 않을 뿐만 아니라 오히려 제자들에게 슬퍼할 이유가 없다면서 나무랍니다.

그에 의하면 손으로 만지고 눈으로 보는 육체에 속한 것들은 항상 변화하게 마련입니다. 반면, 변하지 않는 것들은 눈에 보이지 않고 오로지 이성에 의해 파악됩니다. 영혼이 바로 이에 속합니다. 흩어지고 소멸하기 때문에 두려운 것은 육체에 해당되고, 죽음 이후에도 변하지 않고 지속되는 것은 영혼입니다. 죽음은 영혼과 육체의 분리를 뜻할 뿐이며, 육체로부터 영혼이 분리되는 것은 곧 육체의 구속을 완전히 벗어나 자유로워지는 것입니다. 그런데 바로 철학이 궁극적으로

소크라테스(Socrates, B.C.470 - B.C.399)의 죽음

소크라테스는 정치적 오해로 인해 사형 선고를 받은 후 감옥에 갇혀서도 한동안 친구들과 제자들에 둘러싸여 영혼 불멸에 대한 철학적 토론을 즐겼다. 그의 마지막 순간이 다가오자 친구들과 제자들은 초조해하며 터져 나오는 울음을 참고 있었지만 소크라테스는 평소와 다름없이 평온하였다. 친구 크리톤이 소크라테스에게 어떤 식으로 매장할지를 묻자, 소크라테스는 원하는 대로 하라고 답했다. 소크라테스는 자신이 독약을 마시면 자신의 몸은 남아 있지만 자신의 영혼은 축복받은 사람들이 있는 행복한 세상으로 떠나갈 것이라고 믿었기 때문에 자신의 몸이 태워지든 매장되든 어떻게 해도 그것은 자신과 상관이 없다고 생각했다.

바라는 바가 완전한 자유입니다. 철학이야말로 육체로부터 자유로워지는 과정이며 죽음을 연습하는 학문인 셈입니다. 따라서 죽음은 슬픈 일이 아니라 영혼이 육체의 구속에서 벗어나는 하나의 사건일 뿐입니다.

이러한 생각은 플라톤에 이르면 육체와 영혼이라는 서로 독립한 두 개의 세계를 근거로 한 이원적 세계관으로 발전하게 됩니다. 구체적인 사물들로 이루어져 있으며 항상 변하는 것은 현상계이고, 눈에 보이지 않고 불변하는 것으로 이루어져 이성적 생각에 의해서만 파악할 수 있는 관념의 세계는 이데아계입니다. 그러나 이 두 세계가 완전히 독립적인 것은 아닙니다. 생성 소멸하는 현상계는 불변하는 관념의 세계, 이데아계에 의존하고 이데아계의 일부를 따라 함으로써 존재하기 때문입니다. 예컨대 의자 그림은 의자라는 사물이 있기 때문에 그것을 보고 모방하여 그린 것이며, 또한 의자라는 사물은 의자라는 관념의 세계의 참된 실재, 즉 의자의 이데아를 모방하여 만든 것으로 봅니다. 그러니 세상 모든 사물들은 변하고 사라지는 것이지만 그 사물들을 있게 한 참된 존재로서의 관념들은 언제나 변함없이 존재하는 것입니다. 현상계의 의자는 낡고 부서지고 사라질 수 있지만 이데아계의 의자 이데아는 소멸되지 않고 영원히 변하지 않습니다. 그것은 마치 수학의 세계와 같습니다. 현실에서 원이나 사각뿔은 닳고 찌그러질 수 있지만 수학의 세계에서 그것들은 여전히 관념으로서 변하지 않는 것과 마찬가지입니다. 죽음은 생성하고 소멸하는 육체의 죽음일 뿐입니다. 이데아계에 속하는 영혼은 죽음으로 소멸되지 않습니다.

물론 소크라테스가 말하는 영혼을 경험적으로는 증명할 수 없습니다. 그래서 철학자 칸트는 영혼의 존재에 대해 경험적으로는 증명할 수 없지만 이성이 요청하는 것으로 이성의 범위를 넘어 어쩔 수 없이 영혼불멸을 말할 수밖에 없음을 고백하였습니다. 그리고 이성의 범위를 넘어 영혼불멸에 대해 논쟁하는 싸움터가 형이상학이라고 했습니다. 철학의 한 분야인 형이상학은 이와 같이 경험의 한계를 넘어서 현상 너머의 더 근본적인 것을 숙고하는 분과입니다.

4 강물은 결국 아름다운 바다에 닿을 것이다

《리버 보이》에서 그리고 있는 죽음은 다소 신비스럽습니다. 할아버지의 죽음이 다가올 때 강에서 만난 소년은 제스에게 강의 시작점으로 와서 자신이 하려는 '두려운 일'을 도와달라고 합니다. 그곳은 강과 바다로 이어지는 폭포 위에 자리한 곳입니다. 제스는 그곳에서 할아버지의 소년시절을 떠올렸습니다. 소년은 그곳이 사람의 일생과 같다고 합니다. "강은 여기에서 태어나서, 자신에게 주어진 거리만큼 흘러가지. 때로는 빠르게 때로는 느리게, 때로는 곧게 때로는 구불구불 돌아서, 때로는 조용하게 때로는 격렬하게. 바다에 닿을 때까지 계속해서 흐르는 거야⋯⋯. 강물은 알고 있어. 흘러가는 도중에 무슨 일이 생기든, 어떤 것을 만나든 간에 결국에 아름다운 바다에 닿을 것임을." 소년은 삶이 항상 아름다운 것이 아니듯 강이 바다로 가는 도중에 돌부리에 채이고 마르기도 하지만 어쨌든 계속 흘러가고, 바다에 도달하면 다시 새로운 모습으로 태어날 준비를 하는 것이라고 말합니다. 그러면서 자신은 오늘 이 강을 헤엄쳐 바다로 가야 한다고 했습니다. 소년은 조용히 계곡을 걷다 폭포가 시작되는 지점에 이르자 더없이 아름답고 우아한 모습으로 절벽 아래로 몸을 던집니다. 그 모습을 보고 집으로 돌아온 제스는 그사이에 할아버지가 위독해지셔서 병원으로 가셨다는 소식을 전해 듣습니다. 제스가 병원에 도착했을 때 할아버지는 평화롭게 숨을 거두신 뒤였습니다. 제스는 소년이 바다를 따라 떠났듯이 할아버지의 영혼 역시 새로운 모험을 위해 떠났다는 것을 알게 됩니다. 제스는 자신이 아무리 할아버지를 붙잡고 싶어 해도 그럴 수 없다는 것을 이해하게 됩니다.

우리는 제스가 강에서 만난 소년이 어떤 존재인지 알지 못합니다. 그는 할아버지의 영혼일 수도 있고, 제스의 환상일 수도 있습니다. 이 소설은 강의 시작점이 우리 인생의 시작점이고 물줄기가 끝내는 바다에 이르러 강의 흔적을 씻고 다른 새로운 것을 준비하는 것이 죽음이라고 말해줍니다. 제스는 리버 보이 덕분에 할아버지의 죽음을 이해하고 할아버지가 다른 세계로 편히 가실 수 있게 도울 수 있었습니다.

살아있는 우리에게는 죽음 이후의 세계가 어떤 것이냐의 문제보다는 죽음 앞에서 삶의 의미를 찾는 것이 더 중요해보입니다. 한 평생의 삶이 살 가치가 있었다고 생각한다면 죽음을 받아들이는 데 큰 어려움이 없을 테지만 그와 정반대라면 참으로 허무할 것입니다. 살아 있는 모든 것은 언젠가 죽음을 맞이합니다. 죽음을 거부하기란 불가능하지만 죽음을 뛰어넘는 정신적인 것, 영혼의 흔적을 남기는 일은 얼마든지 가능합니다. 할아버지는 제스와 가족들에게 오래도록 힘이 될 수 있는 사랑을 남겨주었습니다. 제스에게 할아버지의 죽음은 완전한 이별이 아니라 할아버지의 사랑을 새로이 느끼는 시작이며 그 사랑은 제스가 살아가는 동안 내내 늘 함께할 것입니다. 우리는 모두 어느 순간 죽음을 맞이합니다. 그때에 자신의 죽음을 뛰어넘어 더 오래도록 생명력을 지닐 수 있는 사랑을 남길 수 있다면 죽음은 끝이 아니라 또 다른 시작이 될 것입니다.

죽음의 연습

《죽음, 삶의 끝인가 새로운 시작인가》

철학을 '죽음의 연습'이라고 말한 플라톤 이래로 죽음은 서양철학의 중심적인 주제였습니다. 어떻게 보면 서양철학이란 죽음과의 대결이라고까지 말할 수 있습니다. 철학은 죽음에 대해 다양한 방식으로 말합니다. 죽음은 비겁한 자들의 관심사에 지나지 않는다는 방식으로 망각되고 무시되기도 하고, 우리 인간은 죽음 앞에서 무력하며 모든 것은 죽음으로 끝나는 허망한 것이라는 염세주의적 절망에 빠지기도 하고, 죽음 이후에 영원한 행복이 가득한 저 세상에 갈 수 있다는 희망을 전파하기도 했습니다.

철학자 키에르케고르는 인간 존재가 신체를 가지고 있다는 점에서 신체의 노화와 죽음과 같은 필연성과 유한성에 의해 규정되어 있지만 자신의 주체적인 노력에 의해 자신의 신체적·성격적 조건들과 자신이 처한 상황을 변화시킬 수 있으며, 무한한 행복을 희구한다는 점에서 가능성과 무한성 또한 지닌다고 말합니다.

인간은 이렇게 필연성과 가능성, 유한성과 무한성으로 이루어진 존재라는 점에서 과거와 미래의 종합이기도 합니다. 우리에게 던져져 있는 유한하고 필연적인 조건들은 우리에게 '이미' 주어져 있는 것이며 그런 의미에서 과거에 속하는 것이라고 볼 수 있습니다. 우리는 이러한 과거의 기반 위에서 가능성과 무한성을 실현해야 합니다. 이러한 가능성과 무한성은 우리가 장차 실현해야 할 것이라는 의미에서 미래에 속한다고 말할 수 있습니다.

우리는 정신을 통해서 가능성과 무한성을 생각하면서 필연성과 유한성을 넘어서려 하기 때문에 우리의 몸이 필연적으로 소멸할 수밖에 없는 것이라는 사실을 자각할 수 있습니다. 인간이 몸의 노화와 죽음을 자각하게 되는 것은 단순히 몸을 갖고 있기 때문이 아니라 정신을 갖고 있기 때문입니다. 인간은 필연성과 유한성에 사로잡혀 있으면서도 가능성과 무한성을 희구하게 되면서 자신이 죽는다는 사실에 눈뜨게 되는 것입니다.

—박찬국 외, 《죽음, 삶의 끝인가 새로운 시작인가》, 운주사, 2011, 203-210쪽에서 발췌하여 재구성

나는 내 영혼의 선장인가?

어둠의 공포만이 거대하고
절박한 세월이 흘러가지만
나는 두려움에 떨지 않으리
지나가야 할 문이 얼마나 좁은지
얼마나 가혹한 벌이 기다릴지는 문제되지 않는다
나는 내 운명의 주인이며
나는 내 영혼의 선장이다

영국 시인 윌리엄 어니스트 헨리(William Ernest Henley, 1849~1903) 의 시 〈인빅터스Invictus〉의 마지막 구절입니다. 'invictus'는 라틴어 로 '꺾이지 않는'이라는 뜻입니다. 이 시는 17세에 병으로 다리 하나 를 잃은 시인이 26세에 쓴 것으로, 넬슨 만델라가 27년간 감옥에 갇 혀 있을 때 즐겨 암송한 시로도 알려져 있습니다.

오늘날 우리에게는 무엇이 어둠의 공포이고, 가혹한 벌인지 상상해봅니다. 시인과 같이 다리가 절단되는 신체적 고통이나 수십 년간 감옥에 갇혀 지내야 하는 형벌은 아니더라도 각자에게 어둠의 공포가 존재하리라 생각합니다. 소통되지 않은 고립감과 단절감일 수도 있고, 모든 것이 짜여 있는 틀에 자신을 맞추어야 하는 답답함일 수도 있습니다. 어쩌면 어떤 것도 애서 성취할 필요 없는 너무 안락한 환경이 무기력을 낳아 삶을 어떻게 살아야 하는지 방향감을 상실하는 사람도 있을지 모릅니다. 사실 이들이 겪는 고통의 크기는 비교할수 없습니다. 누군가에게 사소한 것이 다른 누군가에게는 생명과도 맞바꿀 만큼의 큰 고통일 수 있으니까요.

～

그러나 각자 직면한 고통이 무엇이든, 그 크기가 얼마나 되든 한 가지만은 스스로에게 묻고 답할 수 있어야 합니다. "나는 내 영혼의 선장인가?" 이 질문 없이는 자신의 삶을 산다고 할 수 없습니다.

《소설이 묻고 철학이 답하다》는 이런 질문을 갖도록 길을 터주고 답할 수 있게 도와주는 안내서입니다. 자기 자신과 타인, 우리 주변 세계에 대해 성찰하고, 자유와 행복과 같은 가치들에 대해 탐색하는 것은 궁극적으로는 우리의 영혼을 일깨우기 위한 일입니다.

오늘날 우리는 자신의 영혼을 돌볼 틈이 없습니다. 소화하기 벅찬 많은 과제들과 우리의 관심을 사로잡는 자극적인 흥밋거리들이 넘쳐나기 때문입니다. 그러다 보니 사람들 대부분이 비슷한 방식으로 살아가고, 비슷한 것을 소비하고, 비슷한 욕망을 가지고, 서로 눈치 보며 남들이 하는 것에서 뒤처지지 않기만을 바라게 됩니다. 이러한 세상에서는 개성조차 스스로 만들어가는 것이 아니라 이미 만들어져 있는 상품들과 이미지로 치장된 것입니다. 희귀한 상품을 구매하는 것이 자신의 개성이라고 착각하게 만드는 세상입니다.

이 시대는 사람조차 결국 하나의 상품으로 만들어버립니다. 그래서 상품가치가 높은 사람이 성공한 사람이자 행복한 사람이라고 착각하게 만듭니다. 그러나 하나의 상품으로 평가받다 유효기간이 끝나 폐기되는 삶을 인간적 삶이라 할 수는 없습니다. 우리는 시장에서 가격이 매겨지는 상품이 아니라 영혼을 지닌 인간입니다. 자신의 삶을 자신의 것으로 인식하고, 자신과 만나는 사람들과 어떤 관계를 맺어야 하는지 의식하고, 자신이 속한 사회에서 어떤 역할을 해야 하는지 반성하고, 무엇을 추구하며 살지를 묻지 않는다면, 영혼 없는 좀비와 다를 바 없습니다.

스스로에게 물음을 던지는 것 자체가 철학하기입니다. 묻지 않는다면 우리의 영혼은 깨어날 수 없습니다. 먼저 자신의 영혼에 말을 건네고, 그 답을 천천히 기다리세요. 시간이 좀 걸릴 수 있습니다. 그 시간은 영혼이 눈을 뜨고 자기 자신을 마주하기 위해 단장하는 시간입니다. 그 기다림의 시간에 익숙해지면 이제 여러분은 다른 누가 아닌 바로 여러분 자신을 만날 수 있게 됩니다. 선물같이 다가온 자신의 영혼과 말입니다!

참고문헌

- W.D. 로스 지음, 김진성 옮김, 《아리스토텔레스》, 세창출판사, 2016.
- 강영안 지음, 《타인의 얼굴: 레비나스의 철학》, 문학과지성사, 2005.
- 권석만 외 지음, 한자경 편집, 《소유, 행복의 터전인가 굴레인가》, 운주사, 2017.
- 남경희 지음, 《플라톤》, 아카넷, 2013.
- 데이비드 베레비 지음, 정준형 옮김, 《우리와 그들, 무리짓기에 대한 착각》, 에코리브르, 2007.
- 로버트 로스 엮음, 강주헌 편역, 《아름다움에 관한 성찰》, 살림, 2000.
- 마르틴 부버 지음, 표재명 옮김, 《나와 너》, 문예출판사, 2001 .
- 문광훈 지음, 《심미주의 선언》, 김영사, 2015.
- 문성원 지음, 《타자와 욕망》, 현암사, 2017.
- 박홍규 지음, 《마르틴 부버》, 홍성사, 2012.
- 빌헬름 엠리히 지음, 편영수 옮김. 《프란츠 카프카: 그의 문학의 구성 법칙, 허무주의와 전통을 넘어선 성숙한 인간》, 지식을만드는지식, 2011.
- 스탕달 지음, 조종순 편역, 《스탕달의 아무르 연애론》, 해누리, 2014.
- 신옥희 지음, 《문학과 실존 : 현대문학과 실존철학의 대화》, 이화여자대학교 출판부, 2014.
- 알베르 카뮈 지음, 권오석 옮김, 《시지프의 신화》, 홍신문화사, 2009.
- 에리히 프롬 지음, 차경아 옮김, 《소유냐 존재냐》, 까치, 1996.
- 에리히 프롬 지음, 황문수 옮김, 《사랑의 기술》, 문예출판사, 1994.
- 엘리사벳 퀴블러로스 지음, 성염 옮김, 《인간의 죽음 : 죽음과 임종에 관하여》, 분도출판사, 1997.
- 올더스 헉슬리 지음, 안정효 옮김, 《다시 찾아본 멋진 신세계》, 소담출판사, 2015.
- 울리히 렌츠 지음, 박승재 옮김, 《아름다움의 과학》, 프로네시스, 2008.

- 원윤수 지음,《스탕달》, 건국대학교출판부, 1997.

- 윤대선 지음,《레비나스의 타자철학: 소통과 초월의 윤리를 찾아서》, 문예출판사, 2009.

- 이브 개러드, 데이비드 맥노튼 지음, 박유진 옮김,《용서란 무엇인가》, 우듬지, 2013.

- 이인식 편저,《유토피아 이야기》, 갤리온, 2007.

- 이진우 외 지음,《기억하는 인간 호모 메모리스》, 책세상, 2014.

- 이진우 지음,《니체의 인생 강의》, 휴머니스트, 2015.

- 이진우 지음,《프라이버시의 철학》, 돌베개, 2009.

- 장 자크 루소 지음, 문경자 옮김,《에밀 : 쉽게 읽고 되새기는 고전》, 생각정거장, 2017.

- 정준영 외 지음, 한자경 편집,《죽음, 삶의 끝인가 새로운 시작인가》, 운주사, 2011.

- 조지 A. 던, 니콜라스 미슈 지음, 윌리엄 어윈 엮음, 이석연 옮김,《헝거 게임으로 철학하기》, 한문화, 2014.

- 최준식 지음,《죽음학 개론》, 모시는 사람들, 2013.

- 콘라트 파울 리스만 지음, 라영균 옮김,《아름다움》, 이론과실천, 2015.

- 피터 싱어 외 지음, 유정민 옮김,《동물의 권리》, 이숲, 2014.

- 피터 싱어 엮음, 노승영 옮김,《동물과 인간이 공존해야 하는 합당한 이유들》, 시대의창, 2012.

- 한병철 지음, 김태환 옮김,《피로사회》, 문학과 지성사, 2012.

- 한자경 지음,《자아의 연구》, 서광사, 1997.

- 홍성욱 지음,《파놉티콘-정보사회 정보감옥》, 책세상, 2002.

소행성 적인가 친구인가
우주로부터 오는 위험과 기회를 바라보는 방식

플로리안 프라이슈테터 지음 | **유영미** 옮김 | 값 15,000원

★ 2016년 한국출판문화산업진흥원 청소년 추천도서

지금 지구에 소행성이 돌진해 온다면
우주, 그 공간이 지닌 생명력과 파괴력에 대한 이야기

플로리안 프라이슈테터 지음 | **유영미** 옮김 | 15,500원

★ 2014년 한국과학창의재단 우수과학도서 선정
★ 2015년 행복한아침독서 청소년(중3~고1) 추천도서 선정

십대에게 들려주고 싶은 밤하늘 이야기

에밀리 윈터번 지음 | **이충호** 옮김 | 값 15,000원

★ 2015년 한국과학창의재단 우수과학도서 선정

초파리
생물학과 유전학의 역사를 바꾼 숨은 주인공

마틴 브룩스 지음 | **이충호** 옮김 | 값 14,000원

★ 2014년 한국과학창의재단 우수과학도서 선정
★ 2015년 행복한아침독서 청소년(고2~3) 추천도서 선정